한 권으로 먼저 보는
2019년
경제 전망

한 권으로 먼저 보는
2019년 경제 전망

초판 1쇄 발행 2018년 11월 15일
초판 4쇄 발행 2018년 12월 17일

지은이   김광석
편집인   서진
펴낸곳   이지퍼블리싱

책임편집 이현진
마케팅   김정현, 이민우, 이태희
디자인   Design IF

주소   서울시 서초구 반포대로 20길 29, JK빌딩 2층
대표번호 031-946-0423
팩스   070-7589-0721
전자우편 edit@izipub.co.kr
출판신고 2018년 4월 23일 제2018-000094호

ISBN 979-11-963764-4-4 03320
값 15,500원

세계 그리고
한국 경제를
관통하는
중대한 흐름과
최신 트렌드 19가지

한 권으로 먼저 보는
2019년
경제 전망

김광석 지음

izi 이지퍼블리싱

대상은 다르지만 대답은 다르지 않습니다. "요즘 어떠세요?"라는 질문에, 취업을 준비하는 청년들도, 살림을 도맡아 하시는 주부님들도, 가게를 운영하시는 사장님들도, 봉급을 받는 직장인들도 모두 같은 대답을 주셨습니다. "어렵습니다." 같은 대답에 이어 같은 질문이 이어집니다. "앞으로 경제가 어떨까요?"

취업준비, 살림살이, 가게운영, 회사 일에 지친 우리들은 앞으로 경제와 산업이 어떻게 흘러갈지에 대한 불안과 여러 가지 질문들을 안고 살아가지만, 그 답을 찾는 과정에는 어려움이 따릅니다. 본서는 2019년 경제를 향한 여러분의 물음표를 느낌표로 바꿔드릴 수 있는 내용을 담고자 했습니다.

2018년에 출간한 저서 『경제 읽어주는 남자』에서 저는 이런 말씀을 드렸습니다. "경제를 모르고 투자하는 것은 눈을 감고 운전하는 것과 같다." 2019년도 마찬가지입니다. 경제 지식은 해를 거듭할수록 더욱 더 중요해지고 있습니다. 가계를 돌보거나, 경영을 하거나,

정책의 의사결정에 앞서, 경제와 산업의 전개과정을 전망하는 일이 반드시 선행되어야 합니다.

2018년 한 해, 저는 "앞으로 경제가 어떨까요?"라는 질문을 갖고 살아가는 여러분들의 궁금증에 답을 드리고자 두 권의 책을 집필했습니다.『경제 읽어주는 남자』가 경.알.못(경제를 알지 못하는 사람)을 위한 책이었다면, 본서『한 권으로 먼저 보는 2019년 경제 전망』은 미래 경제에 대한 전망을 통해 나아갈 방향을 설정할 수 있도록 구체적인 인사이트를 제시합니다.

2019년 경제 전망에서 제가 꼽은 핵심 키워드는 '결정점 (deciding point)'입니다. 세계 경제는 막다른 골목에 다다랐고, 한국 경제도 그렇습니다. 때문에 올해가 가계·기업·정부의 중대한 의사결정이 필요한 순간임을 강조하고자 합니다. 2019년 세계 경제는 미중 무역 분쟁, 신흥국 불안 등 온통 불확실성으로 가득 차 있고, 국내 경제는 저성장세가 고착화되고 있습니다. 우리는 우리 삶에 결정적으로 작용할 2019년의 경제가 어떻게 그려질지 충분히 이해해야합니다. 그리고 준비해야만 합니다.

　이 책에는 2019년에 펼쳐질 19가지 경제 이슈들이 담겨있습니다. 세계 경제의 주요 이슈 6가지, 한국 경제의 주요 이슈 7가지, 그리고 산업·기술 관점에서 본 경제 이슈 6가지를 그려 놓았습니다. 이러한 이슈들은 지금 당장 우리 사회와 개인의 삶에 영향을 줄 수 있을 만큼 직면해 있습니다. 책의 후반부에는 2019년 한국 경제가 어떻게 전개될 것인지에 대한 전망과 여러분들이 어떻게 준비해야 하는지에 대한 효과적인 제안을 담았습니다.

　이 책을 내면서 '경제라는 바다에 빠져 씨름하며' 지냈던 시간들이 떠올랐습니다. 민간 및 국책 연구기관들에서 진행한 경제·산업 연구 경험들이 본서를 있게 해 주었습니다. 10여 년 동안 연구기관에 소속되어 경제를 전망해 왔지만, 경제 전망 보고서들은 주로 연구자들의 언어로 쓰여 졌고 연구자들만의 대화에서 멈춰왔음을 시인

합니다.

　지금까지 경제 전망은 대중 여러분들에게 다소 멀게 느껴졌을 것입니다. 이 책에선 연구자들만의 언어가 아닌, 많은 분들이 이해하실 수 있는 쉬운 언어로 주요 경제 현안을 짚어드립니다.

　경제 읽어주는 남자 김광석은 매년 경제 전망 도서를 발간할 계획입니다. 본서는 그 첫 도서입니다. 여러분들께서 갖고 계신 "앞으로 경제가 어떨까요?"라는 질문에 더욱 가까이 다가가 답해 드리겠습니다.

2018. 11.

경제 읽어주는 남자 **김광석**

contents

2019년 주요 경제 이슈의 선정

Economic Outlook for 2019

결정점(deciding point)으로 불릴 2019년

2019년 세계 경제는 역사적으로 결정점(deciding point)에 해당한다. 세계 경제의 시계를 되돌려보면, 2017년, 2018년까지 어느 정도 회복세가 유지되었다고 볼 수 있었다. 하지만 2019년 경제는 종전의 상황과 확연히 다른 국면에 접어들었다. IMF를 포함한 주요 경제 기구와 경제 연구 기관은 2019년에 세계 경제와 한국 경제가 상당히 고전할 것으로 전망하고 있다. 다시 말해, 2019년 경제를 한계에 다다른 상황으로 보고 있는 것이다.

2019년 경제엔 다양한 위협요인과 기회요인이 존재한다. 세계 곳곳에서 벌어지는 경제 이슈들은 우리의 생각보다 훨씬 더 빠르게 우리 경제에 영향을 미치고 있다. 대외 의존도가 높은 한국은 앞으로 세계 경제의 흐름을 먼저 읽고 그에 따른 대처 방안을 발 빠르게 마련해야 한다. 특히 가계, 기업, 정부의 역할이 중요하다. 이 위기를 어떻게 극복하고, 기회를 얼마나 잘 활용할 것인지에 따라 다른 여건에 놓일 것이다.

2019년 경제를 먼저 들여다보라

2019년 경제는 그 어느 때보다 더 세심하고 충분히 검토하고 전망해야 한다. 만약 2019년에 펼쳐질 경제적 여건을 면밀히 살피지 않고, 예산 계획을 수립하거나 경제 정책들을 입안할 경우 잘못된 정책의사 결정을 제시할 수 있다. 그리고 이런 결정은 기업과 가계 상황을 혼란에 처하게 만들 수 있다.

특히 2019년 기업들은 다양한 경제적 환경에 둘러싸여 있고, 그 환경은 너무도 빨리 변화하고 있다. 기업은 앞으로 변화의 속도에 맞춰 지속 발전할 수 있는 방안을 찾아야 한다. 그러기 위해서 2019년 경제를 먼저 들여다보는 충분한 노력이 요구된다. 만약 눈앞에 놓여 있는 경제적 환경변화를 모르고 경영한다면, 그것은 구덩이를 무시하고 걷는 것과 같다. 어떤 신흥국들이 위기상황에 놓여 있는지, 미중 무역 분쟁의 전개과정에 어떻게 대처해야 하는지, 금리, 환율, 유가의 전개 방

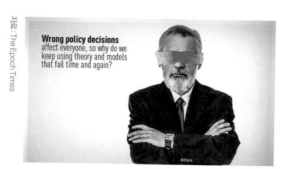

자료 : The Epoch Times

향 등과 같은 중대한 경제적 환경변화를 면밀히 고찰해야 한다.

최근 한국의 가계 상황은 어떠한가? 한국은 수년 전부터 재테크 열풍이 불기 시작했다. 소득의 증가속도가 자산가치의 상승속도에 못 미친다는 것을 깨닫게 된 사람들의 관심이 재테크로 옮겨간 것이다. 주식, 펀드, 부동산, 달러, 엔화, 금 등 투자에 대한 관심은 날마다 높아지지만, 막상 어디에 어떻게 투자를 시작해야 하는지 방향을 잡지 못하는 사람들 또한 여전히 많다.

이런 상황에 맞는 조언이 하나 있다. "경제를 모르고 투자하는 것은, 눈을 감고 운전하는 것과 같다." 기출간 도서 『경제 읽어주는 남자』에서도 언급한 적이 있는 말이다. 일반적으로 위험(risk)과 수익성은 두 마리의 토끼와 같다. 수익성이 높은 투자대상은 위험(risk)이 높고, 안전(safe)이 전제된 투자대상은 수익성이 낮다. 하지만 안전을 담보하면서 수익성을 높이는 방법이 아주 없는 것은 아니다. 그리고 그 방법은 단 한 가지뿐이다. 바로 '앎(know)'이다. 즉, 미래 경제에 대한 이해가 전제된다면, 수익성 높은 투자를 비교적 안전하게 할 수 있다. 현명한 투자, 안전한 가계 운영을 위해서는 반드시 눈을 뜨고 운전해야 한다.

2019년 19대 경제 이슈

2019년에 주요한 경제적 이슈들은 세계 경제, 한국 경제, 산업·기술적 관점에서 고루 도출되었다. 역사적인 결정점(deciding point)이 될 2019년에 펼쳐질 19가지 경제이슈들은 정부의 정책의사 결정, 기업의 경영의사 결정, 가계의 투자의사 결정에 중대한 영향을 미칠 것이다.

세계 경제의 주요 이슈들은 다음과 같이 6가지로 선정하였다.

우선, 미국경제가 나홀로 호황을 지속할 것이다. 이에 따라 미국은 기준금리 인상을 지속할 의지를 보이고 있다. 미국을 시작으로 주요 선진국들이 기준금리를 인상하는 등 긴축정책을 도입할 전망이다. 한편, 미-중 무역 분쟁이 격화될 것인지, 아니면 적당한 시점에 와해될 것인지는 세계 경제가 주목하는 중대 이슈가 될 것이다.

2019년 3월에는 브렉시트(Brexit, 영국의 EU로부터 독립)가 이행되고, 정치·경제적 이유로 유럽의 결속력이 약화될 것으로 보인다. 중국은 2019년 들어 성장세가 크게 하락하면서 다소 사그라졌던 그림자금융 등의 불안요인들이 다시 이슈화될 전망이다. 선진국들의 기준금리 인상 등의 긴축정책의 도입에도 경기부양이 시급한 몇몇 신흥국들은 미국과의 정치적 갈등으로 통화가치가 떨어지고, 자본유출이 일어날 것

자료 : Investment Executive

으로 전망된다.

한국의 가장 큰 경제이슈는 '구조적 장기침체'로 꼽힌다. 저성장, 저출산, 생산가능인구 감소, 성장잠재력 둔화 등의 이슈들이 2019년 한 해 중대하게 논의될 것으로 보인다. 두 번째는, 한국 경제를 칭하는 다른 이름 '고용 없는 경제'다. 특히 청년고용은 2018년에도 아시아 외환위기(1998년) 이후 최악의 문제로 지목되어 왔는데, 2019년에도 쉽게 풀리지 않는 숙제가 될 전망이다. 세 번째, 정부는 예산을 크게 확대 편성했지만, 복지 분야의 지출을 중심으로 해서 성장에 기여하는 부분이 미미할 전망이다. 네 번째, 1인 가구가 국내 가구구조의 절대적인 비중을 차지하면서, 상당한 경제적 기회를 제공할 것으로 보인다. 다섯 번째, 정부의 강도 높은 부동산 정책 후속대책들로 역전세난 가능성이 증폭되고 있다. 여섯 번째, 처벌 규정이 유예되었던 주 52시간 근무제가 2019년 본격화되고, 2020년부터 적용될 중소기업들의 준비가 상당한 경제적 이슈로 자리매김할 것으로 보인다. 일곱 번째로, 저물가 현상이 지속됨에도 서민들이 체감하는 물가는 고공행진하는 지표와 다르게 느껴지는 괴리 현상이 짙어질 전망이다.

산업·기술적 이슈들은 기업 경영 및 가계의 투자에 직접적인 영향을 미친다. 2019년 대표적인 산업·기술적 이슈는 디지털 트랜스포메이션이다. 4차 산업혁명의 기반기술들이 다양한 산업에 걸쳐 확대 적용되면서, 아날로그식 상품과 서비스가 디지털 기반의 서비스로 대전환되는 현상이 두드러지게 나타날 전망이다. 두 번째로 규제완화의 속도가 가속화되면서 신산업들이 등장하지만, 기존 산업들과의 갈등이 지속될 것으로 예상된다. 세 번째, 지역적인 범위에서는 스마트 시티, 주거공간에서는 스마트홈, 삶과 밀착된 영역에서는 스마트 가전까지 스마트화(Smartization)가 빠른 속도로 진전될 전망이다. 네 번째, 2018년 하반기 BTS(방탄소년단)의 유엔 연설을 계기로 2019년에는 한류와 콘텐츠 산업에 대한 투자가 더욱 집중될 전망이다. 다섯 번째, 2018년에는 고령인구(만 65세 이상)가 전체인구의 7퍼센트 이상인 고령화사회(Aging Society)에서 14퍼센트 이상인 고령사회(Aged Society)로 전환되었다. 주요 소비층의 구조가 전환됨에 따라, 2019년에는 이를 기회로 인식한 기업들을 중심으로 시니어 비즈니스에 대한 기회를 모색하는 일이 상당한 이슈로 부상할 전망이다. 마지막으로, 북한이 비핵화를 적극적으로 이행함에 따라, 남북정상회담 및 북미정상회담이 추가적으로 개최되고 실무회담들이 이어지면서 남북경협에 대한 기대와 관심이 증폭될 전망이다. 다만 한국을 포함한 주변국들의 북한의 비핵화 의지에 대한 불신이 해소되지는 않을 것으로 보인다.

2019년 19대 경제 이슈 도출

세계 경제

1. 나홀로 '으르렁'대는 사자, 미국
2. 미국 기준금리 인상과 긴축의 시대로의 전환
3. 환율 전쟁과 미중 무역전쟁, 수출 리스크 확대
4. 유럽 발 태풍, 브렉시트에 이어 이탈렉시트?
5. 중국 경제 '회색 코뿔소'의 재등장
6. 신흥국발 세계 경제 위기의 가능성

한국 경제

1. 구조적 장기침체의 가능성
2. '고용 없는 경제', 언제까지 지속되는가?
3. 덩치 큰 예산안, 실속 없는 가계부
4. '1인 가구'가 주도하는 솔로 이코노미 시대
5. 부동산 시장은 과연 잡힐 것인가?
6. '저녁 있는 삶' 본격화, '돈 없는 저녁'이 불러온 한숨
7. 왜 나의 삶만 팍팍하나, 체감과 다른 물가

산업·기술

1. 디지털 트랜스포메이션
2. 규제와의 전쟁, 기존 산업과의 경쟁
3. 4차산업혁명의 본격화, 스마트 라이프의 진전
4. 한류와 콘텐츠 산업의 희망
5. 고령사회의 진입과 시니어 비즈니스
6. 남북경협의 기대와 불신

미궁 속에 빠진 세계 경제에서 나홀로 성장하는 미국

미국과 주요 선진국들의 기준금리 인상 등 긴축정책 도입

미궁 속으로 빠져드는 미중 무역 분쟁, 혼란스러운 수출시장

브렉시트의 이행과 유럽의 결속력 약화

그림자금융을 비롯한 중국경제의 3대 불안요인 다시 등장

세계 긴축정책 도입에 따라 신흥국 자본 유출 영향

저성장, 저출산, 생산가능인구 감소, 성장 잠재력 둔화

20년만의 고용침체

빚져서 예산 확대 편성, 복지에 집중

가구구조의 변화와 경제적 기회

수요를 줄이고, 공급을 늘리려는 부동산 정책기조와 영향

주 52시간 근무제 본격화와 2020년을 위한 중소기업의 준비

저물가 현상은 지속되는데, 체감물가는 고공행진?

ICT기술들이 전 산업에 걸쳐 확대 적용되면서 디지털 전환 가속화

규제완화 속도의 가속화, 등장하는 신산업과 기존 산업과의 갈등

스마트 시티, 스마트홈 그리고 스마트가전까지

BTS(방탄소년단)이 울린 제2의 한류와 콘텐츠 산업의 부흥

고령화사회에서 고령사회로 진입한 한국, 산업적 기회

북한의 비핵화 이행을 전제로 한 산업적 기회 확대

2019
deciding
point

PART

1

2019년
세계 경제의
주요 이슈

나홀로 '으르렁'대는 사자, 미국

미국 기준금리 인상과 긴축의 시대로의 전환

환율전쟁과 미중 무역 분쟁, 수출 리스크 확대

유럽 발 태풍, 브렉시트에 이어 이탈렉시트?

중국 경제 리스크 '회색 코뿔소'의 재등장

신흥국발 세계 경제 위기의 가능성

CHAPTER 1

나홀로 '으르렁'대는 사자, 미국

Economic Outlook for 2019

대개 사자를 동물의 왕이라고 한다. 고대 이집트 사람들은 사자를 신의 불가사의한 힘과 왕의 위엄을 상징하는 동물로 생각했다고도 한다. 이후에도 사람들은 사자를 말 그대로 라이언 킹(Lion King)이라고 부른다. 사자의 힘은 실로 막강하다. 8cm에 달하는 긴 송곳니와 강한 턱과 다리를 가지고 있어서 웬만한 동물은 발로 때려서 즉사시킬 수 있다. 나무를 뛰어 올라가거나, 단거리를 최고 80km까지 달릴 수도 있다. 사자는 보통 20마리 정도 무리를 지어 살며 한 마리의 우두머리 사자가 무리를 이끈다. 이 무리를 영어로 '프라이드(Pride)'라고 부른다.

2019년의 미국의 기세는 막강한 사자에 비유될 수 있을 만큼 거세다. 신흥개도국들에게 경제 제재를 가하고, 중국과 강도 높은 무역 분쟁을 진행하고, 재무부 환율보고서 등을 통해 교역 상대국들의 통화가치 절상압력을 가하며, 주요국들과의 FTA(Free Traded Agreement, 자유무역협정)를 철폐하거나 자신에게 유리한 조건으로 조정해 나가는 모습은 다른 동

물들을 압도하는 힘을
지닌 사자가 "으르렁"
하는 모습을 연상케 한
다. 트럼프 대통령이
2016년 후보시절 외
쳤던 "Make America
Great Again"이라는

출처: Deviant Art, Leaving the pride behind

말이 실현되고 있는 모습이다. 2018년 변곡점을 만난 세계는 2019년의
결정점(deciding point)을 맞닥뜨려 한계를 보이는 데, 미국은 세계 경제
라는 프라이드에서 나홀로 앞으로 나와 으르렁대고 있는 듯하다.

나홀로 활황인 미국 경제

미국 경제는 견고한 성장 기조를 보이고 있다. 미국 실업률은 글로벌 금
융위기 직후, 2009년 약 10.1퍼센트에 달했으나, 2018년 9월 3.7퍼센트
까지 하락했다. 미국의 실업률은 자연실업률에 근접했다. 자연실업률은
경제활동인구가 이직과 구직을 시도하는 과정에서 자연스레 발생하는
실업수준을 의미한다. 즉 완전 고용수준에 달했다고 평가할 수 있다.

　미국의 경제성장률은 2016년 1.5퍼센트를 기록한 이후 2017년과
2018년 각각 2.3퍼센트, 2.9퍼센트로 상승할 것이라고 국제통화기금
(IMF)은 전망했다(IMF, 2018.10). 최근 발표된 2018년 2분기 경제성장률

이 전기대비 연율 4퍼센트대를 기록하면서 4년 만에 최고치를 달성했다. 2018년 9월 FOMC(미국 연방공개시장위원회)는 2018년

경제성장률이 3.1퍼센트에 달할 것으로 전망하기도 했다. 2019년에도 경제의 견고한 회복세가 지속될 것으로 내다본다.

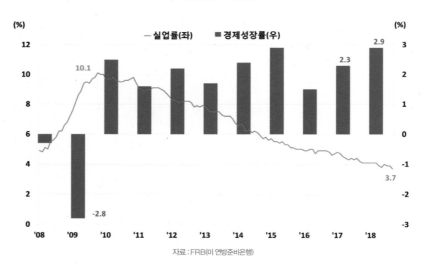

미국 경제성장률과 실업률 추이

자료 : FRB(미 연방준비은행)

미국 경제 얼마나 호황인가?

미국경제가 얼마나 호황인지를 들어다 보자. 먼저, 소비자신뢰지수(Consumer Confidence Index: CCI)는 민간 경제조사 기관인 콘퍼런스 보드에서 발표하는 월간지표로, 현재 경제 상황에 대한 소비자들의 평가 지수다. 2018년 9월 소비자신뢰지수는 138.4를 기록해 '닷컴 버블'이 한창이던 2000년 이후 최고 수준을 기록했다.

콘퍼런스 보드는 매월 경기선행지수(Composite Leading Indicator; CLI)를 발표하는데, 향후 3~6개월 동안의 전반적인 경제활동을 가늠하게 하는 지표에 해당한다. 경기선행지수는 세부항목인 제조업 주당 근로시간, 실업수당 신청, 벤더 실적, 주가, 금리 스프레드, 소비자 기대, 소비재 수주, 건축허가, 非군수 자본재 수주, 통화량 등 10개 지표들을 기초로 산출한다. 경기선행지수도 지속적으로 상승하고 있다.

미국 상무부에서 발표하는 신규주택판매 건수도 중장기적으로 상승하는 추세를 그리고 있다. 2018년 8월 신규주택 판매가 연간 환산 기준으로 한 달 전보다 3.5퍼센트 증가한 62만 9000건이다. 2007~2009년 금융위기 전 수준으로 회복되고 있는 모습이고, 전년동월 대비 신규주택 판매는 12.7퍼센트 증가했다. 미국 주택시장은 고용시장 호조에 따른 수요 증가세가 지속되고 있고, 오히려 재고 부족으로 거래가 제한적인 상황이다. 최근 네이비 페더럴 크레딧 유니언의 로버트 프릭 이코노미스트는 월스트리트저널(WSJ)에 "수요는 있지만, 건설업자들이 계속해서 입지와 노동력, 합당한 가격의 건설자재를 찾는 데 어려움을 겪고 있다"고 말했다.

활력 넘치는 기업 경기

소비자 관점에서 경제를 보았다면, 생산자 관점에서도 지표를 확인할 필요가 있다. ISM제조업지수는 공급관리협회(ISM : Institute for Supply Management)에서 발표하는 월간지표로 제조업부문과 비제조업부문의 기업 실적에 대한 서베이를 통해 경기동향지수를 발표한다. ISM제조업지수는 글로벌 금융위기 시점의 50을 기준으로 큰 폭으로 하락했고, 2016년에도 글로벌 공급과잉 및 경기침체로 상당한 수준으로 하락했다. 이후 상승세를 유지하고 있고, 글로벌 금융위기 이전 수준으로 회복된 모습이다.

미국 주요 내수 경기 지수 추이

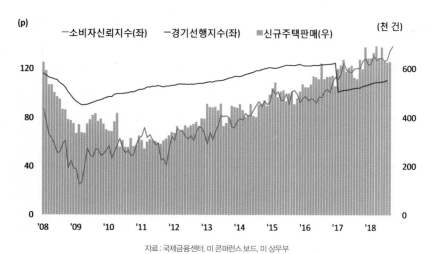

자료 : 국제금융센터, 미 콘퍼런스 보드, 미 상무부

한편, 공장이 얼마나 잘 굴러가는지를 보려면, 공장 내의 기계가 얼마나 활용되는지를 보면 알 수 있다. 많은 기계들이 놀고 있다면, 그 공장은 어렵다는 반증일 것이다. 한 나라의 제조업이 얼마나 활력이 넘치는지를 확인하려면, 설비가동률을 확인할 수 있겠다. 미국 연방준비제도(Fed)가 매월 발표하는 지표로 공장, 탄광, 공공재 시설의 월간 생산량(out index)을 노동자가 일상적인 노동시간에 따라 기존의 설비를 이용하면서 만들 수 있는 최대 생산량(capacity index)으로 나누어 측정한다. 설비가동률 역시 글로벌 금융위기로 2009년 6월 67.3퍼센트까지 떨어졌다가 회복되었다. 설비가동률은 2018년 8월 78.1퍼센트로, 금융위기 이전수준까지는 아니지만, 2016년 이후 회복세를 지속하고 있다.

미국 주요 생산지수 추이

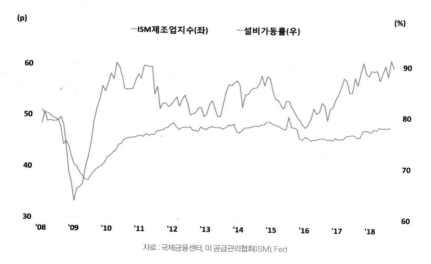

자료 : 국제금융센터, 미 공급관리협회(ISM), Fed

미국경제 호황은 언제까지 지속될 것인가?

비당파적인 기구인 '책임 있는 연방 예산 위원회(the Committee for a Responsible Federal Budget, CRFB)' 분석에 따르면, 트럼프노믹스(트럼프의 강력한 경기부양책을 일컫는 말)의 영향으로 2019년에도 미국 경기 회복세가 이어지면서 긴 호황기를 기록할 가능성이 높다. 2017년 감세와 일자리법(Tax Cuts and Jobs Act), 2018년 양당 예산법(Bipartisan Budget Act) 등을 통해 경기 진작 효과가 나타나면서 2018년, 2019년에 각각 3.0퍼센트, 2.9퍼센트 성장할 것으로 전망했다.[1]

한편, 무역전쟁 장기화, 재정적자 및 부채 확대 등에 따른 리스크 요인들도 상존한다. 특히, 보수 싱크탱크 '조세 재단(Tax Foundation)'의 보고서 따르면[2], 트럼프 정부의 무역 관세 정책으로 장기 GDP의 0.59퍼센트가 줄어들고, 46만개의 일자리가 줄어들 것이라고 발표했다. 미국의 주변국들에 대한 강건한 경제정책들이, 2020년부터 부메랑으로 돌아와 경제충격이 발생할 것이라고 보는 것이다. 단기적으로는 "나홀로" 성장할 수 있으나, 중장기적으로는 세계 경제가 톱니바퀴처럼 맞물려 돌아가 동행할 수밖에 없기 때문이다. 신흥국 위기나 중국발 경제침체가 발생하면, 미국도 피해갈 수는 없을 것으로 판단된다.

---

1 Committee for a Responsible Federal Budget, Can America Sustain the Recent Economic Boots?, may 30, 2018.

2 Tax Foundation, Tracking The Economic Impact of U.S. Tariffs and Retaliatory Actions, June,22, 2018.

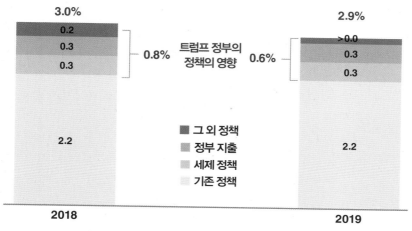

2018년 및 2019년 예상 경제 성장률 (%)

자료 : Committee for a Responsible Federal Budget, 현대경제연구원 재인용

2019년 미국의 강세에 대한 우리의 대응

먼저, 2019년의 미국 경제 회복을 잘 활용해야 한다. 미국 시장에 적합한 상품기획과 채널 및 마케팅 전략을 적극적으로 구상할 필요가 있다. 한편, 미국 기준금리 인상과 이에 따른 신흥국 위기, 관세인상 조치 등에 대해서는 적극적으로 대응해야 한다. 미중 무역 분쟁이 2018년 11월 6일 중간선거 이후 어떻게 전개될지를 모니터링 해야 한다. 특히, 2019년 4월에 발표할 미국 재무부의 환율보고서에 대한 각별한 주의가 필요하다. 한국이 환율조작국 리스트에 포함될지 여부도 중요하지만, 어떤 나라들이 대상이 될지도 주목해야 할 사안이다. 통화 절상 압력 등에 선제적인 외환전략도 요구된다.

향후 미국 경제가 경기 과열되거나, 2019년 하반기에 예상보다 빠른 경기 후퇴기에 접어들 가능성이 있다. 따라서 미국 시장을 중심으로 전략적인 준비를 하되, 동시에 수출 대상국을 다변화하는 등의 노력을 통해 안전망을 마련해야 하는 것이다. 또한, 앞서 설명한 미국 경제의 대외 국가들에 대한 강건한 경제 정책들이 언제 부메랑이 되어 돌아올지 면밀히 지켜볼 필요가 있다.

CHAPTER 2

미국 기준금리 인상과 긴축의 시대로의 전환

Economic Outlook for 2019

확장의 시대가 가고, 긴축의 시대가 왔다. 경기불황을 타개하기 위해 경기부양에 집중되었던 시대가 종식되고, 기준금리를 다시 정상화 하는 긴축의 시대가 도래된 것이다. 2008년 글로벌 금융위기 이후에는 양적완화 및 기준금리 인하 등의 강도 높은 확장적 경제정책들이 주를 이루었다.

이후 미국 경제가 상당한 수준으로 회복되면서 2015년 12월 기준금리를 인상했다. 2016년 12월에도 기준금리를 한 차례 인상했고, 2017년에는 세 차례 기준금리를 인상했다. 미국 연방준비제도(Fed)는 2018년에 이미 세 차례 기준금리를 인상했다. 그리고 남은 기간 동안에도 기준금리를 한 차례 추가 인상, 2019년 동안에도 세 차례 인상할 것을 예고했다. 앞 장에서 살펴본 것처럼, 미국 경제가 견고한 성장

미국 연방준비제도(Fed) 의장 제롬 파웰의 기준금리에 대한 예고 발표를 하고 있다. 자료 : The StarOnline

기조를 보이고 있기 때문에 미리 예고한 긴축정책 기조, 즉 기준금리 인상속도를 유지해 나갈 것으로 판단된다.

선진국들을 중심으로 긴축의 시대 진입

최근 발표된 IMF(2018.10), World Economic Outlook에 따르면, 선진국들의 물가상승률이 완만한 속도로 상승해 왔다. 소비자물가상승률(consumer price inflation)뿐만 아니라, 근원물가상승률(core consumer price inflation)도 상승해 왔다. 반면, 신흥개도국들의 물가상승률은 상당한 속도로 둔화되었다.

　기준금리에 대한 의사 결정을 하는 각국 중앙은행들의 설립 목적이 '물가안정'에 있다. 경제학의 가장 기초적인 명제, 금리가 상승하면 물가는

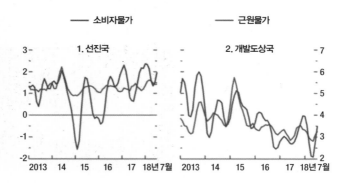

선진국 Vs 신흥개도국 물가상승률 추이

자료 : IMF(2018.10), World Economic Outlook

하락하고, 금리가 하락하면 물가는 상승한다. 각국은 경제 여건을 고려해 '적정물가'라는 과녁을 정해놓고, 기준금리를 인상, 인하, 혹은 동결하는 결정을 통해 과녁에 화살을 맞추기 위해 노력하고 있다.

기준금리에 관한 의사 결정에서 상당히 많은 지표들을 활용해 다양한 여건들을 고려해 판단하겠지만, 그중 가장 중대하게 고려하는 요소는 물가다. 결국, 물가가 상승하고 있는 선진국의 경우 기준금리를 인상할 여지가 있다. 한편, 신흥국개도국들의 경우 물가가 하락하고 있어 기준금리를 인상할 여건이 허락되지 못하고 있다.

미국의 기준금리 인상속도에 대한 IMF의 기대치(예상치)를 보라. 미국의 기준금리 인상속도가 2017년 9월에 예상했던 것보다 2018년 3월의 예상치가 더 빨라졌고, 2018년 9월에 예상한 것은 또 더 빨라졌다. IMF는 미국뿐만 아니라, 유로존과 영국도 완만한 속도로 기준금리를 인상할 것으로 전망한다.

선진국들의 기준금리 전망

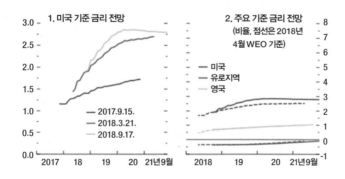

자료 : IMF(2018.10), World Economic Outlook

미국뿐만 아니라, 유럽과 일본을 비롯한 세계 주요국들이 기준금리를 인상하는 등 통화정책을 긴축적인 기조로 전환해 오고 있다. 미국의 금리가 상승하기 시작하면, 미국을 제외한 주요국들과 금리차가 좁혀지거나 역전현상이 나타나면서, 외국인 투자자금이 회수될 수 있다. 이러한 외국인 투자자금 유출을 우려하는 국가들은 미국의 기준금리 인상속도를 예의 주시하면서 함께 인상해 나가고 있다. 한국도 저금리 기조를 유지하다가 2017년 11월 30일 1.25퍼센트에서 1.5퍼센트로 기준금리를 인상한 바 있고, 시장에서는 2018년 11월에도 추가 기준금리 인상을 진행할 것으로 보고 있다.

신흥국 자본유출 우려 고조

금리는 돈의 가치다. 선진국의 금리가 상승한다는 것은 선진국 돈의 가치가 상승한다는 뜻이다. 상대적으로 경제회복세가 미진하고, 물가상승률도 하락하는 신흥국들은 기준금리를 인상할 여지가 없다. 선진국의 통화가치는 상승하는 반면, 신흥국들의 통화는 하락할 수밖에 없다.

전반적으로 선진국들은 2018년 2월부터 최근까지 통화가치가 상승해 왔다. 특히, 미국의 통화가치가 크게 상승했다. 한편, 신흥국들의 통화가치는 대부분 크게 하락했다. 최근 위기 신흥국으로 많이 지목되고 있는 아르헨티나(ARG), 터키(TUR), 남아프리카공화국(ZAF), 브라질(BRA), 러시아(RUS) 등의 통화가치가 크게 하락했다.

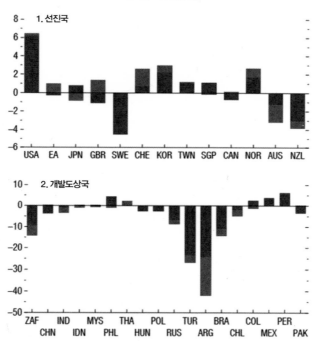

선진국 Vs 신흥개도국 실질실효환율 변화

■ 2018년 8월 ~ 최근
■ 2018년 2월 ~ 2018년 8월

1. 선진국

USA EA JPN GBR SWE CHE KOR TWN SGP CAN NOR AUS NZL

2. 개발도상국

ZAF CHN IND IDN MYS PHL THA HUN POL RUS TUR ARG BRA CHL COL MEX PER PAK

자료 : IMF(2018.10), World Economic Outlook
주 : 실질실효환율(real effective exchange rate)은 한 나라의 화폐가
상대국 화폐에 비해 실질적으로 어느 정도의 구매력을 갖고 있는지를 나타내는 환율을 말함

긴축의 시대, 한국의 걱정

미국에서부터 시작된 긴축의 분위기 속에 한국은 통화정책에 상당한 딜레마에 빠질 것이다. 견고한 성장국면에 진입한 미국은 기준금리 인상 여건이 마련되었지만, 한국 경제는 여전히 성장둔화의 가도 속에 있기 때문

에, 경기부양에 초점을 두어야할 것으로 보인다. 다시 말해, 미국의 인상 속도는 기준금리를 인상하기 어려운 여건 아래에 있는 한국에게 부담으로 작용할 수 있다.

또한 달러화와 원화 가치의 격차가 점차 벌어지는 상황이기 때문에 한국에 투자를 했던 외국인의 자금 유출이 우려된다. 기준금리 인상으로 인해 기업들의 투자는 위축되고, 자연스럽게 신규 고용창출 또한 부진할 것이다. 여기서 그치지 않고 소비위축으로 연결되어 기업의 투자를 더욱 위축시킬 수 있다. 한국의 자금유출의 우려가 크기 때문에 기준금리 인상은 당위적이지만, 기준금리 인상 시 한국 경제가 위축될 수 있다. 즉, 한국은 진퇴양난에 빠져있는 셈이다.

기준금리 인상에 따라 촉발될 수 있는 문제는 더 있다. 그것은 바로 가계부채 문제다. 가계부채 규모는 2018년도에 약 1,500조원을 넘어섰다. 시중금리가 상승하면, 신규 대출수요는 상대적으로 줄어들 수 있어, 가계부채의 증가속도는 주춤해질 수 있다. 하지만 기존 대출자의 경우, 채무변제에 대한 부담이 커질 수 있다.

특히 변동금리 대출자들의 우려는 더 크다. 이자상환 부담이 가중되고, 연체율이 상승해 금융부실로 연결될 수 있기 때문이다. 또한 금리 상승에 따라 부동산 매매가격이 조정되는 지역은 이자상환 부담이 가중되고, 자산가치가 하락해 가계부실로 연결될 가능성이 있다.

세계적인 추세인 긴축의 시대가 한국에 도래했을 때, 한국 경제가 가장 우려해야 하는 점은 단연 신흥국 수출이다. 미국의 기준금리가 차츰 인상됨에 따라, 달러화 가치가 상승하고 신흥국에 투자 되었던 자금들이 미국으로 회수되고 있다. 특히, 신흥국 중에서도 달러화 표시 부채에 많이 의존하고 있는 국가들은 위기에 직면할 수 있다. 채무상환능력이 현저히 떨어져 외환위기 발생 위험이 있다. 국제투자은행 모건스탠리는 최근 총 부채 중 달러화 표시 부채 비중이 30퍼센트를 웃도는 몇몇 신흥국을 취약국으로 분류했다. 이와 관련해서는 다음 장에서 더 상세히 다루기로 한다.

긴축의 시대, 대응법은 무엇인가?

긴축의 시대에 기업들은 의지와 상관없이 불확실성으로 가득한 세계로 들어가게 되었다. 이 불확실성은 우선 세계 거시경제 지표의 상당한 변동성으로 나타날 수 있다. 주가나 환율 등의 급변이 거듭됨에 따라 기업들의 경영환경은 더욱 혼란스러워질 것이다.

이에 따라 기업들은 가장 먼저 세계 주요 지표의 흐름에 관한 모니터링 기능을 강화하여 혼란을 대비해야 한다. 어떠한 요인이 경제지표를 변동시키는지, 또 예상 가능한 시나리오는 무엇인지 미리 준비해야 한다.

다음으로는 몇몇 신흥국에만 편중되어 있는 수출구조에서 탈피하는 노력이 필요하다. 외환위기 가능성이 높은 수출대상국을 조사하고, 수출을 안정적으로 이어갈 수 있는 거래 가능 국가를 넓혀야 한다.

앞선 내용이 선행되었다면 미국을 겨냥한 수출전략이 필요하다. 미국의 경기가 견고히 회복되는 만큼 미국과 거래가 가능한 고부가가치의 소비재 수출전략 등을 통해 돌파구를 찾아야 한다. 이때, 미국 내 거래처 확보도 중요하지만 그보다 더 중요한 것은, 미국 시장에서 세계적 브랜드와 경쟁에서 이길 수 있는 미국 소비자 맞춤형 제품을 만드는 것이다.

끝으로 재무전략에 변화가 필요하다. 금리가 인상되는 기조에 따라 재무전략도 바뀌어야 한다. 만약 저금리 시대에 채권에 대한 의존도가 높은 경영전략을 펼쳤다면, 긴축의 시대에는 자기자본비율을 높이고 유망한 투자 대상에 대한 선택적 투자를 해야 한다.

CHAPTER 3

환율전쟁과 미중 무역 분쟁, 수출 리스크 확대

Economic Outlook for 2019

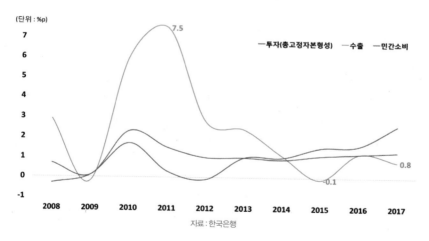

한국의 GDP에 대한 성장기여도

(단위 : %p)

—투자(총고정자본형성) —수출 —민간소비

7.5

0.8

-0.1

2008 2009 2010 2011 2012 2013 2014 2015 2016 2017

자료 : 한국은행

수출은 한국 경제를 이끄는 에이스였다. 한국의 경제침체를 막는 역할을 할 뿐 아니라 혁신적 성장을 이룩할 수 있었던 것은 수출의존형 성장전략 덕분이었다. 하지만 근래에 수출은 제 역할을 못하는 상황이 되어 버렸다. 수출의 성장기여도는 글로벌 금융위기 이후에도 내수(투자+소비)에 비해 상당히 높게 유지되어 왔다. 하지만 2014년 이후 그 상황이 역전된 것이다.

현재 투자의 성장기여도가 지속적으로 상승하고, 민간소비도 완만하게 상승하는 반면, 수출은 플러스와 마이너스를 오가고 있다. 수출의 성장기여도는 2015년 −0.1퍼센트 포인트, 2017년 0.8퍼센트 포인트로 투자와 소비의 성장기여도에 미치지 못하고 있다.

수출로 버텨 온 한국 경제

2018년 경제성장률이 약 2.8~2.9퍼센트 수준으로 '버텨 온' 배경에는 수출이 있다. 구성요소들 중에 위로 향하는 지표는 수출뿐이다. 2018년 들어 재화수출 증감률이 우상향 하다가 2분기에는 4.1퍼센트를 기록했다.

최근 한국 경제 성장세가 둔화된 이유는 주로 투자가 위축되어서다. 투자는 크게 설비투자와 건설투자로 구분된다. 제조업에서는 공장 설비를 확충하고, 서비스업에서는 서비스 생산 능력을 확대하는 것이 설비투자에 해당한다. 주택 등의 건물들이 건축되고, 도로나 다리 등과 같은 인프라가 확충되는 일들이 건설투자에 해당한다. 2018년 2분기 경제는 건설투자와 설비투자가 모두 마이너스다. 투자가 침체되고 있는 것이다. 경제가 침체 되었다기보다, 투자가 침체된 것이다.

산업통상자원부가 발표하는 우리나라의 13대 주력 수출품목들의 최

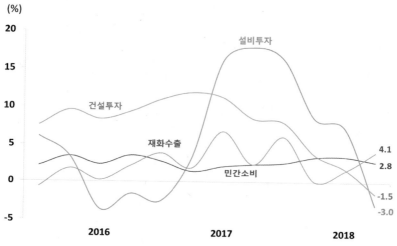

지출항목별 주요 지표 증가율 추이

(%)

설비투자

건설투자

재화수출

민간소비

4.1

2.8

-1.5

-3.0

2016   2017   2018

자료 : 한국은행 | 주 : 2018년 9월 잠정치 기준임

근 동향을 보면, 반도체, 석유화학, 일반기계, 석유제품, 디스플레이, 컴퓨터 등이 상당히 선전하고 있다. 물론, 석유제품이나, 석유화학은 국제유가가 상승하면서 효과가 나타난 측면이 있고, 중국 철강이 미국에서 제한이 걸리면서 우리 철강 수출이 어부지리 효과를 누린 측면도 있었다. 어쨌든 수출로 한국 경제가 버텨온 것이다.

원화 강세 기조

수출품목의 가격을 결정하는 것은 환율이다. 즉, 원/달러 환율이 낮으면

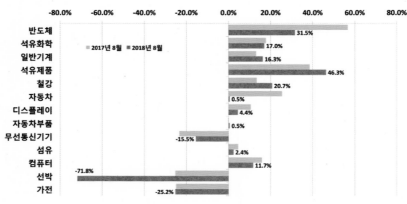

13대 품목별 8월 수출증감률

자료 : 산업통상자원부 | 주 : 2018년 9월 1일 보도자료 기준임

(원화가치가 높으면), 수출품의 채산성이 떨어지거나 가격경쟁력이 떨어지기 때문이다. 수출기업들은 이런 이유로 환율의 등락에 민감할 수밖에 없다.

근래에는 원화의 강세가 지속되고 있다. 등락을 반복하지만, 환율은 추세적으로 하락할 전망이다. 2018년 4월 3일 서울외환시장에서는 원/달러 환율은 달러 당 1,054.20원으로 거래를 마쳐 종가 기준으로 2014년 10월29일(1,047.3원) 이후 3년 5개월만의 최저치를 기록했다. 이날 원/엔 재정환율도 100엔당 994.15원이었다. 1,000원선이 붕괴된 이후 990원 선에서 움직이고 있는 것이다. 달러에 대비해서만 강세기조가 이어지는 것이 아니라, 엔화 대비로도 그렇다는 점에서 원화가치에 대한 경각심을 갖게 만든다. 2018년 하반기에 원/달러 환율이 다소 회복되었지만, 2019년에는 다시 하락세로 전환될 것으로 전망된다.

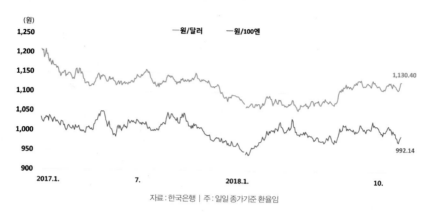

주요 환율 동향

(원)

──원/달러 ──원/100엔

1,130.40

992.14

2017.1.   7.   2018.1.   10.

자료 : 한국은행 | 주 : 일일 종가기준 환율임

　이렇듯 원화의 강세가 지속되는 데에는 여러 가지가 이유가 있다. 첫째, 한국 경제가 상당한 수준으로 회복되고, 남북·북미 정상회담 합의로 지정학적 리스크가 완화되면서 원화의 가치가 높아졌다. 또한 보호무역을 내건 미국 트럼프 행정부가 출범한 이후 원화 강세가 더욱 가파르게 움직였다. 최근 미국이 한·미 FTA 개정협상 과정에서 환율 정책에 대한 부수적 합의가 있었다고 발표하자 가파른 하락세가 나타나기도 했다. 여기서 우리가 더욱 긴장해야 될 요인은 2019년 4월과 10월에 발표될 미국의 환율보고서다.

2019년 4월과 10월 발표될 미국의 환율보고서

미국은 한국을 2016년부터 환율보고서를 통해 '환율 감시대상국'으로 분류하였다. 다시 말해, 한국의 외환당국이 시장에 개입하여 환율을 조작하고 있음을 의심하는 것이다. 미 재무부는 2016년 이후 매년 4월과 10월에 환율보고서를 발표하는데, 한국은 트럼프 행정부 출범이후 줄곧 환율 감시대상국으로 평가받고 있다.

미국의 주요 교역대상국의 환율정책을 평가하는 기준은 크게 세 가지(대미무역흑자, 경상수지흑자, 환율개입)다. 미국의 교역 대상국 중 한국 · 중국 · 일본 · 대만 등이 '환율 감시대상국'으로 지정되어 있어 원화절상 압력은 당분간 지속될 전망이다. 제조업 육성, 수출 확대를 통해 경제 성장을 주도하고자 하는 트럼프의 정책기조 아래 미국은 한국을 포함한 주요국에 통화가치 절상압력을 가하고 있다.

2019년 4월과 10월에 발표될, 미국 환율보고서에도 한국이 환율조작국 혹은 감시국으로 평가될 우려가 있다. 그렇게 될 경우 한국은 환율절상 압력이 가중되고, 수출경쟁력 및 수출채산성이 크게 악화될 위험이 있다. 그뿐만 아니라 일본 엔화와 중국 위안화의 대미 달러환율이 크게 약세를 보이면서 수출 증진 등을 위한 미 · 중 · 일 간 환율 갈등이 촉발될 수 있다.

미국과 일본이 우호적 관계로 나아가고 있는 시점에서, 한국의 원화가치만 절상하게 될 경우 일본과의 수출경합도가 높은 한국은 대외국 수출에 더 큰 어려움을 겪을 위기에 처하게 될 것으로 판단된다.

2018년 10월 미국 환율보고서의 주요국 환율정책평가

(백억 달러, %)

국가	무역수지(백억 달러)	경상수지(%)	개입규모(%)	결정
기준	〈200〉	〈3.0〉	〈2.0〉	
중국	3,900	0.5	0.0	감시
일본	700	4.0	0.0	감시
독일	670	8.2	–	감시
인도	230	−1.9	0.2	감시
한국	210	4.6	0.3	감시
스위스	170	10.2	2.4	감시
멕시코	730	−1.6	0.0	
이탈리아	320	2.8	–	
대만	170	14.3	1.2	
프랑스	160	−0.6	–	

자료 : 미 재무부(2018.10)
주1 : 무역수지는 2017.6~2018.6월 기준 금액 | 주2 : 경상수지는 GDP 대비 %
주3: 개입규모는 외환시장 순매수 규모의 GDP 대비 % | 주4: 음영 부분은 기준 초과를 의미

환율전망이 한국 수출에 미치는 영향

미국의 환율보고서 발표를 앞두고 한국의 시장개입이 어려울 것이라고 관측되고 있다. 한·미 FTA 개정 협상과정에서 무역적자를 축소하려는 미국의 압력으로 원화강세가 추가적으로 이어지고, 중장기적으로 원/달러 환율이 한 단계 더 하락할 가능성도 배제할 수 없다. 이런 전망은 환율에 민감한 산업들의 수출에 큰 걸림돌로 작용할 것으로 보인다.

사실 이외에도 품질경쟁력이나 기술경쟁력 등 다양한 요인들이 수출에 영향을 미친다. 그럼에도 불구하고 제품의 가격은 거래에 있어 매우 중요하다. 제품이 주는 본연의 가치에 비해 가격이 높다고 인식되는 순간 거래가 성사되지 않기 때문이다. 다시 말해, 미국 소비자들이 한국산 제품의 본래 가치에 비해 너무 비싼 제품으로 인식하게 되면, 구매로 연결되기란 쉽지 않을 것이라는 말이다.

이렇듯 한·미 FTA 개정 재협상과 각국의 보호무역주의 확산 등으로 수출에 비상이 걸린 상황이다. 여기에 환율압박까지 더해지는 실정이다. 수출이 타격을 입게 될 경우, 기업들의 생산이 축소될 것은 불 보듯 뻔하다. 이는 구조조정과 인력유출로 이어질 수 있으며 한국 경제의 회복까지 지연될 수 있어 우려되는 상황이다.

G2 무역 분쟁의 전개

미중 무역 분쟁의 조짐은 2016년부터 나타났다. 트럼프 대통령의 후보 시절, 미국을 만성 무역 적자국에서 벗어나게 하겠다는 공약을 선포하면서 부터다. 무역적자에서 벗어나기 위해서 미국이 체결하고 있는 다양한 FTA를 개정하기 위한 재협상을 추진하고, 교역 대상국에 대한 환율절상 압력을 가하는 등 다각적으로 노력을 전개하고 있다. 말 그대로 트럼프발 무역전쟁의 시발점이었다.

미중간 무역 분쟁은 2017년 8월 중국의 지식재산권 침해 등에 대해 부당함을 지적하면서 시작되었다. 2018년 들어 미국은 철강, 반도체, 세탁기 등 주요 무역적자 품목에 대해 고율의 관세를 부과하기 시작했다. 중국도 미국을 강도 높게 비난했고, 보복관세를 부과할 것을 예고해왔다. 2018년 5~6월 동안에는 미중간의 무역협상이 3차례나 진행되었지만, 관세부과 철회 공동성명 및 철회 번복을 오가다가 결국 타결에 실패했다. 결국, 미국은 2018년 7월 6일 자정을 기점으로 중국에서 수입하는 340억 달러 규모의 수입품에 대해 25퍼센트 고율의 관세를 부과했다. 중국역시 미국과 동등한 규모의 관세를 발효했고, 총 545개 품목에 대해 보복관세를 부과했다. 한 치 양보 없는 전쟁이 발발한 것이다.

미국은 향후 중국의 보복관세가 계속될 경우 고율의 관세부과를 지속할 것으로 예고했다. 미국이 발효한 25퍼센트 관세부과 품목에는 에너지, 차세대 정보통신, 의료기기, 자동차 등 첨단 산업 분야가 높은 비중을 차지한다. 미국 통상법 301조 관련 25퍼센트 관세부과 품목은 2017년 기준 약 464억 달러 규모로 에너지 및 원자력 등 기계류 43.2퍼센트,

미 중간 통상 분쟁 주요 일지

일자	주요 내용
18.04.03	미국 對 중국 25% 관세부과 품목 발표(1,333개)
18.04.04	중국 對 미국 106개 품목 25% 관세부과 방침 발표
18.07.06	미국 對 중국 25% 관세부과 발효 (818개 품목, 340억 달러) 중국 對 미국 25% 관세부과 (545개 품목, 340억 달러)
18.07.11	미국 對 중국 10% 추가 관세부과 발표 (6,031개 품목, 2,000억 달러)

자료 : 국내외 언론보도 종합

미국의 對 중국 25% 관세부과 품목

(개, 억 달러, %)

구분	품목수	수입액	비중
에너지, 원자력 기계류	537	200.4	43.2
전기기기 및 장치	241	144.6	31.2
광학 및 사진기기, 의료기기	164	64.5	13.9
자동차 및 철도 궤도 장비	65	21.4	4.6
기타	283	15.4	3.3
알루미늄	27	12.8	2.8
항공기 및 우주장비	16	5.1	1.1
합계	1,333	464.2	100.0

자료 : 미국 상무부, USTR
주1 : 관세부과 품목의 총수입액 대비 비중
주2 : 2017년 기준, 관세부과 대상 품목수는 HS 8단위, 품목 구분은 HS 2단위 기준임

전기기기 31.2퍼센트, 광학 및 사진, 의료기기 13.9퍼센트 비중을 차지한다. 이는 중국 정부가 제조업 육성 정책으로 추진 중에 있는 '중국 제조 2025'의 10대 산업이 집중적으로 포함되어 있다.

중국도 물러섬 없이 대응하고 있는 상황이다. 미국의 11월 달력에는 중간선거가 있다. 중간선거는 대통령의 정책과 행보를 평가하는 자리라고 할 수 있다. 트럼프 대통령이 미국 내 일자리 창출과 무역적자 해소 등을 핵심 공약으로 내세운 만큼 선거 때까지 고삐를 늦추기 쉽지 않을 것이다. 물론, 선거 때까지는 미국이 강경하게 나갈 개연성이 크다고 보는 여론도 팽배하고, 무역전쟁의 파급영향이 워낙 크기 때문에 적당한 시점에서 종식될 것이라는 견해도 상당히 설득력이 있어 보인다.

수출리스크를 극복하는 방법은?

긴축의 시대이니만큼 기업들은 수출을 위협하는 주요 리스크를 이해하고 한 발 먼저 대응할 필요가 있다. 불안정한 국제 금융시장, 환율 변동성의 급등, 국제유가의 기조 변화 등 다양한 변화가 나타나는 시점이다. 미국 기준금리 인상이라는 변수와 환율 절상압력 등은 다양한 거시경제 지표의 변동성을 높게 만들 것이다.

변화가 잦은 시대적 변화에 발맞춰 기업들은 환율, 금리 등의 다양한 환경변화를 진단하기 위한 전담 조직 구축을 검토할 필요가 있다. 거시경제 지표의 다양한 흐름을 적극적으로 모니터링할 필요가 있다. 또는 정부 및 공공기관이나 외부 민간 전문기관과 협업 시스템을 구축하는 것도 하나의 대안이 될 수 있다. 환율의 급변 가능성 및 시점에 유의하여 환헤지(Foreign Exchange Hedge) 등의 재무관리 기능을 강화하는 것이 좋다.

한편, 미중 양국이 품목기준으로 관세를 부과하는 과정에서 우리나라 제품들도 함께 고율의 관세가 부과되어 수출에 차질이 나타날 수 있다. 보호무역조치가 발동될 시에는 기업들이 각국의 반덤핑 상계조치를 피해가기 어렵다. 따라서, 기업들은 초반 대응이 필수적이고, 철저한 질문서 답변을 준비해야 하며, 무역구제 조사를 대비한 가격 책정 및 보조금 관리가 필요하다. 또한, 각국이 제시하는 규격 기준 등을 고려해 제품 인증을 서둘러 수행하는 것이 필요하며, 제품 인증 과정에서 기술 기밀 유출 및 지재권 침해 등이 발생하지 않도록 유의할 필요가 있다. 중장기적으로는 중국과 미국에 대한 수출의존도를 낮추기 위해, 수출 대상국을 다변화하려는 노력도 병행되어야 한다.

　마지막으로, 중국의 대미 수출이 줄고, 미국의 대중 수출이 축소되는 과정에서 한국의 중간재 수출 활로가 타격을 입을 수 있다. 특히 한국의 대중 수출구조는 중간재에 대한 의존도가 높아 더욱 그러할 수 있다. 정부가 혼란한 정세에도 수출이 지속될 수 있도록 각종 외교 통상 전략들을 강구하고 있기 때문에, 정부정책과 기업전략이 공조될 수 있도록 해야 한다. 특히, 기업들의 협업이 요구될 때 적극 대응하고, 정책 지원들은 효율적으로 활용할 수 있어야 한다.

CHAPTER 4

유럽 발 태풍, 브렉시트에 이어 이탈렉시트?

Economic Outlook for 2019

유럽 발 태풍이 불고 있다. 유럽연합(EU)이라는 공고한 경제협력관계를 유지하려는 에마뉘엘 마크롱 프랑스 대통령과 EU 체제를 반대하는 마테오 살비니 이탈리아 부총리간의 대결구도가 형성되고 있다. 2019년에 예정된 브렉시트(영국의

유럽에 형성된 전운을 묘사한 그림. 칼을 들고 프랑스 국기 위에 서 있는 왼쪽 사람은 친유럽연합(EU) 왕당파 수장 격인 에마뉘엘 마크롱 프랑스 대통령이며 몽둥이를 들고 맞서고 있는 이는 반EU 포퓰리즘 반란군 세력을 대표하는 마테오 살비니 이탈리아 동맹당 대표다. 자료 : Inter Biz

EU탈퇴) 이행을 놓고도 유럽 내 회오리가 거센 가운데, 엎친 데 덮친 격이다. 2019년 불어올 유럽 발 태풍은 세계 경제의 불확실성을 더욱 증폭시킬 전망이다.

브렉시트의 배경과 전개

브렉시트는 정치적 배경에서 시작되었다. 캐머런 영국 총리는 2015년 5월 총선에서 승리하기 위해 영국의 EU 탈퇴에 대한 국민투표를 공약으로 제시했다. 이후 보수당은 총선에서 과반 의석을 획득했고, 캐머런 총리는 정치적 승리를 확신하며 브렉시트 여부에 대한 국민투표를 실시했다.

영국 국민들은 종교적·문화적으로 다른 이민자 수용에 상당한 불만을 갖고 있었다. 영국 내 이민자 규모는 2014년 당시 약 63만 명에 달했고, 이민자 복지지출에 따른 재정압박과 노동시장의 경쟁 심화로 반(反)이민자 정서가 만연해 있었다. 영국은 EU에 속해있음으로써 수용해야 하는 이민자 문제뿐만 아니라, 과도한 EU 분담금을 지불하면서도 상대적으로 EU내 위상이 약하다고 인식했다.

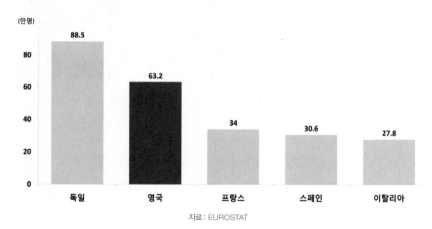

EU의 이민자 규모 현황 (2014 당시)

자료 : EUROSTAT

2016년 6월 국민투표를 통해 영국의 EU 탈퇴가 결정되었다. 이후, 영국이 공식적인 탈퇴 의향서를 EU에 제출했고, 리스본 협정 50조에 의거하여 다른 EU 회원국들과 2년에 걸쳐 관세, 국가 간의 이동 등 전반적인 사항에 대한 협상이 진행되었다. 협상 기간인 2년이 지나면 EU에서 자동으로 탈퇴된다.

영국과 그 밖의 EU 회원국들간의 협력관계가 복잡했던 만큼, 풀어야 할 숙제도 상당하다. 영국과 EU의 무역관계를 재설정하는 문제와 EU 회원국의 분담금 및 이민자 수용문제, 노동자의 이주 등 다양한 안건을 놓고 복잡한 협상을 지속해 왔다. 2019년 3월에는 영국이 EU에서 탈퇴할 계획이지만, 협상에 난항을 겪고 있다.

노딜(No-Deal) 브렉시트 현실화 되는가?

영국은 체커스 계획(Chequers plan)을 계속 고집하고, EU국 정상들은 쉽게 양보할 의사가 없는 상태다. 체커스 계획은 메이 총리가 제안한 브렉시트 방안으로, 영국이 EU 탈퇴 이후에도 공산품과 농산품 등에 EU와 같은 상품 규제 체제를 유지하고, 관세동맹에 남는 '소프트 브렉시트' 전략이다. 영국이 EU를 떠나게 되면 영국령인 북아일랜드와 EU국인 아일랜드 간 국경을 어떻게 할 것인지가 문제가 되는데, 메이 총리는 브렉시트 이후 북아일랜드만 EU의 관세동맹에 남길 경우 영국과의 통합성이 저해된다는 이유로 체커스 계획을 고수하고 있다.

반대 진영의 대표격인 마크롱 프랑스 대통령은 "우리는 모두 체커스 계획을 받아들일 수 없다는 데 동의했다"고 말했다. 영국과 EU의 입장이 평행선을 달리면서, 영국이 어떤 합의도 하지 못한 채 EU와 관계를 단절하는 이른바 노딜 브렉시트 사태에 직면하게 될 가능성도 배제하지 못하게됐다.

기업들의 엑소더스 본격화

'2차 국민투표'를 실시하자는 목소리가 높아지는 등 혼란이 거세지고 있다. 글로벌 기업들의 엑소더스가 혼란을 가속시키고 있다. 영국을 떠나는 기업들의 계획도 구체화되고 있는 양상이다. 독일 최대 은행인 도이치은행은 브렉시트 이후 영국 내 사업에 대한 EU의 규제가 한층 강화될 것으로 내다보고, 수천억 규모의 자산(약 4분의 3)을 런던에서 프랑크푸르트로 이전하는 계획에 들어갔다. 국제 금융 중심지 역할을 수행하던 런던에 타격이 가해질 전망이다.

유니레버는 영국 런던에 있는 본사를 네덜란드 로테르담 본사로 통합하겠다고 밝힌 바 있다. 최근에는 파나소닉이 영국에 있는 유럽본부를 네덜란드로 이전하기로 결정했다. 에어버스와 노무라홀딩스 등도 브렉시트에 따른 불확실성 때문에 영국에 있는 유럽본부를 이전할 계획을 밝힌 바 있다. 도요타자동차는 노딜 브렉시트가 발생하면 영국 내 공장의 생산을 일시 중단하기로 했다. 도요타의 적기생산방식(JIT)은 EU로부터 수입

세계 금융센터 순위

Rank	Change	Centre	Rating	Change
1	▲ 1	New York City	788	▼ 5
2	▼ 1	London	786	▼ 8
3	—	Hong Kong	783	▲ 2
4	—	Singapore	769	▲ 4
5	▲ 1	Shanghai	766	▲ 25
6	▼ 1	Tokyo	746	▼ 3
7	▲ 2	Sydney	734	▲ 10
8	▲ 3	Beijing	733	▲ 12
9	▲ 7	Zurich	732	▲ 19
10	▲ 10	Frankfurt	730	▲ 22

자료 : 2018 Global Financial Centers Index, WEF

하는 부품에 의존하고 있는데, 노딜 브렉시트로 공급에 차질이 발생할 수 있기 때문이다. 영국 정부가 글로벌 기업들의 이탈을 막기 위해 법인세 인하 등을 추진해왔지만, 브렉시트 후폭풍이 거세지고 있다.

이탈렉시트의 가능성 부상과 영향

브렉시트 협상 난항으로 뒤숭숭한 상황에서 이탈렉시트(이탈리아의 유로존 탈퇴, Italexit) 우려가 커졌다. 클라우디오 보르기 이탈리아 하원 예산위원장은 지난 2일(현지시간) 유로 대신 이탈리아 자체 통화가 필요하다며 유로존 탈퇴를 주장했다. 보르기 위원장은 "우리의 자체 통화를 보유하면 현재 안고 있는 문제들 대부분을 해결할 수 있을 것"이라며 "경제 회복 정책을 제대로 수행하려면 통화 정책 면에서 이탈리아의 자체 수단을 보유할 필요가 있다"고 밝혔다.

이탈리아 10년 만기 국채 수익률이 최고치를 기록하고, 주가지수가 급락하는 등 리스크가 크게 확산되었다. 유럽의 환율시장도 연동하며 급등락을 반복했다. 유로화 가치는 2018년 4월 이후 급락했고, 최근 하락세가 더 거셌다. 유로당 달러 환율은 10월 3일 기준 1.1484달러/유로를 기록했다.

유럽 발 태풍에 대응하라

브렉시트에 이어 이탈렉시트 우려가 확산되고 있다. 이에 더해 이제 막 구제금융을 벗어난 그리스가 재정위기에 처할 우려도 커지면서 혼선이 커지고 있다. 유럽의 결집력 약화에 따른 경제적 난항도 예상되는 상황이다.

기업들은 브렉시트 및 유럽 발 불확실성 요인들을 면밀히 고려해야 한다. 특히, 영국에서 사업을 영위하는 기업들은 근로자, 공급자, 비즈니스 모델, 시장 등 폭넓은 경영환경과 경제적 파급영향에 대한 검토가 필요하다. 이민자가 축소되고, 저임금 노동력이 부족해질 것이다. 규제, 교역조건, 관세 및 환율 등의 변화로 공급라인이 불안해질 수 있다.

국제 금융시장이 불안정하고, 환율의 변동성이 확대될 수 있다. 더욱이, 영국 및 유럽의 규제가 변화하고, FTA 협상안을 마련하며, 각국의 경

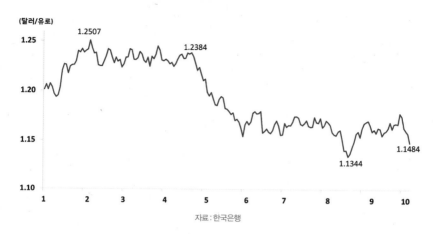

2018년 일별 유로화 환율 추이

(달러/유로)

1.2507

1.2384

1.1344

1.1484

자료 : 한국은행

제정책에도 상당한 변화가 있을 것이다. 특히, 영국과 EU의 협상방향에 따라 그 파급영향은 달라질 수 있다. 이탈렉시트 및 그리스 위기 등의 전개과정도 주의 깊게 살피고, 적시 대응할 수 있도록 해야한다.

CHAPTER 5

중국 경제 리스크 '회색 코뿔소'의 재등장

Economic Outlook for 2019

회색 코뿔소(grey rhino)

땅에서 사는 동물 가운데 코끼리 다음으로 큰 동물이 코뿔소다. 평소에
는 온순한 편이지만 위험한 상황에 처했다고 판단하면 큰 뿔을 앞세워
땅이 흔들릴 정도로 엄청난 속도와 기세로 위험 대상을 향해 돌진한다.
이 같은 코뿔소의 습성에서 착안한 경제·사회 용어가 '회색 코뿔소(grey
rhino)'다. 위기관리 전문가인 미셸 부커(Michele Wucker) 세계정책연

구소 대표가 2013년 1월 다
보스포럼에서 처음 발표하
면서 유명해졌다. 충분히 발
생할 것을 예상할 수 있고 그
파급력도 엄청나게 크지만,
이를 무시하거나 제대로 대

처하지 않으면 통제 불능의 위기를 맞게 되는 위험이 바로 회색 코뿔소다. 블랙 스완(black swan)이 전혀 예상할 수 없었던 리스크가 실제로 발생하게 되는 경우를 의미하는 데 반해, 회색 코뿔소는 발생 가능성이 높아 충분히 예상할 수 있지만 간과하기 쉬운 리스크 요인을 말한다.

중국 경제를 위협하는 회색 코뿔소 리스크

왕즈쥔(王志軍) 중앙재경영도소조 판공실 국장은 한 기자회견에서 중국 경제 리스크 '회색 코뿔소'를 공식적으로 언급했다. 중앙재경영도소조는 중국 공산당 산하 최고 경제정책 결정기구로 시진핑 국가주석이 직접 조장을 맡고 있다. 중국 관료가 공개석상에서 회색 코뿔소를 언급한 것은 지도층이 얼마나 이 문제를 예의주시하는지를 보여준다. 중국 정부는 향후 이와 관련한 예방 조치를 마련하는데 주력할 것으로 보인다. '회색 코뿔소' 이슈는 주로 2017년에 크게 제기되었다가 사라지는 듯 했다. 그러나 최근 세계 경제를 위협할 만큼 큰 이슈로 다시 부상하기 시작했다.

중국의 3대 회색 코뿔소 리스크는 다음과 같다. 첫째, 중국이 '장기적 성장둔화 국면'으로 진입한 것이다. 중국은 한때 14퍼센트대의 높은 경제성장률을 기록하였으나, 2018년에는 6퍼센트대로 크게 둔화되었다. IMF(2018.10.9.)는 2019년에 중국의 경제성장률이 6.2퍼센트를 기록할 것으로 전망했고, 향후 2020년 이후 5퍼센트대로 떨어질 것으로 내다보고 있다. 글로벌 투자은행들(IB; Investment Banks)도 중국 경제성장의 둔화 가능성을 지속적으로 제기해 오고 있다. 다만, 중국 정부의 적극적인 대응 여부에 따라 성장폭 둔화를 상쇄시킬 가능성도 상존한다고 판단한다. 경기 흐름을 둔화시킬 수 있는 대내외 리스크를 방지하기 위한 대책들이 중요하다. 산업 경쟁력 강화를 위한 정부의 적극적인 정책 추진, 실수요자 기반의 부동산 투자 및 지급준비율 인하 정책 등은 내수부문을 안정시킬 기대 요인으로 평가된다. 그러나 중국 경제성장을 견인해 온 수출이 앞으로 리스크로 작용할 것으로 보고 있다. 즉, 수출증감률이 주로 경제성장률을 상회해 왔지만(글로벌 경제위기 시점을 제외), 2017년 이후 하회할 것으로 전망된다. 주로, 미·중 간 통상 분쟁이 심화될 리스크에 따른 것이다.

중국 경제성장률과 수출증감률 추이 및 전망

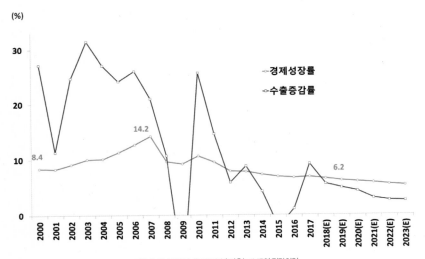

자료 : IMF, CEIC | 주 : 2017년 이후는 IMF의 전망치임

둘째, 중국 기업의 채무불이행 위험이 증대되고 있다. 최근 기업 디폴트 사례가 급증하면서 회사채 금리가 급등하는 등 기업부문의 리스크 확산 우려가 가중되고 있다. 기업부문의 신용이 급격히 팽창하면서 회사채 디폴트 규모도 최근 다시 증가 추세에 있다. 2018년 6월 5일까지 기준 중국 내 회사채 부도 규모는 142억 위안(약 2조 3,810억 원)으로, 2017년 연간규모의 60퍼센트 수준에 육박하면서 빠르게 확대되고 있다. 회사채 부도율은 2018년 6월 5일 기준 0.53퍼센트로, 2017년의 0.46퍼센트를 넘어섰다. 최근 기업 건전성에 대한 불안감이 증폭되면서 회사채 금리도 빠르게 상승하고 있다. 회사채 금리가 상승한다는 것은 곧 회사의 자금조달부담이 증가함을 의미한다. 2017년 연평균 4.71퍼센트 수준이던 최우량(AAA등급) 기업 회사채 금리는 올해 들어 평균 5.09퍼센트 수준으로 상승했다. 이에 따라, 신용불량 등 원인으로 은행권에 대한 접근성이 떨

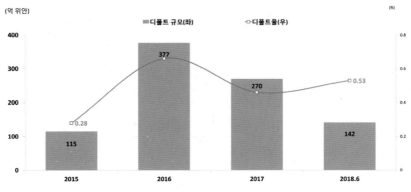

중국 회사채(공모) 디폴트 추이

자료: 中央国债登记结算有限责任公司
주1 : 2018년은 6월 5일까지의 기준임 | 주2 : 디폴트율 = 디폴트금액/만기금액

어지는 기업들은 만기도래 채무상환이 더 어려워지고 있다.

셋째, 미국발 통상분쟁이 격화되고 있는 점이다. 미중 무역 분쟁에 대해서는 앞서 다루었기 때문에, 상세한 내용은 생략하기로 한다. IMF와 주요 국제기구가 중국경제를 비관적으로 보는 이유가 대부분 본 이슈 때문이다. 특히, 중국의 수출이 위축되면, 기업들의 생산이 더욱 위축될 수밖에 없고, 적극적인 투자가 진행될 수 없는 여건이기 때문에 기업들의 채무상환능력은 더욱 떨어질 수밖에 없다.

중국 정부의 대응

중국 정부는 스스로 위기를 인식하고, 적극적으로 대응하고 있다. 우선 중국 정부는 2015년 '중국 제조 2025'를 통해 10대 산업을 발표하며, 세계 최고 제조 강국으로의 도약을 위한 전략을 추진 중에 있다. '중국 제조 2025' 10대 육성대상 산업은 ①차세대 정보기술 산업 ②고급 디지털 선반 및 기계로봇 ③에너지절약 및 신에너지 자동차 ④신소재 ⑤생물의약 및 고성능 의료기계 ⑥항공우주장비 ⑦농기계 및 장비 ⑧해양공정장비 및 고기술 선박 ⑨선진 궤도교통 장비 ⑩전력장비로 구성된다.

이에 따라 중국의 차세대 정보기술 산업, 자동차, 의료 산업 등은 정부 주도의 제조 산업 육성 정책에 따라 성장세가 급속히 확대되고 있는 상황이다. 동시에 전자정보통신, 의료, 신소재 등 하이테크 고부가가치 산업의 경쟁력은 세계 최고 기술 수준에 빠르게 근접하고 있는 상황이다.

미국(최고기술국)과의 산업 기술격차 수준 평가

(년)

구분	한국	중국	일본	EU
전자정보·통신	△0.5	△0.8	△0.1	0.1
의료	△0.2	△0.7	△0.5	△0.3
바이오	△0.2	△0.4	0.0	0.0
기계제조	0.1	△0.3	0.2	0.3
에너지자원·극한기술	△0.1	△0.6	△0.2	0.1
항공우주	0.4	0.2	△0.5	△0.5
나노소재	△0.3	△0.7	△0.6	△0.3

자료 : 한국과학기술평가원(2017)
주1 : 2014년 대비 2016년 기술격차 변화 | 주2 : △는 최고기술국과의 기술격차가 감소됨을 의미함

한편, 은행권 지급준비율을 인하하여 중소기업의 자금난 해소를 시도하고 있다. 중국 인민은행은 2018년 4월, 7월, 10월에 걸쳐 지급준비율을 인하했다. 지급준비율(cash reserve ratio)이란 시중은행이 중앙은행에 의무적으로 적립해야 하는 현금의 비율을 의미한다. 즉, 시중은행들이 저축을 받아 모은 자금을 기업들에게 모두 빌려 줄 수 없고, 일정 비중을 보유해야만 하는 규정을 말한다. 지급준비율을 인하했다는 것은 기업들에게 더 많이 자금을 제공할 수 있도록 기회를 열어주는 것을 의미한다. 중국은 대형상업은행, 중소형상업은행, 농촌상업은행의 지급준비율을 인하하여 유동성을 공급하고자 하는 것이다. 확대된 유동성은 은행이 대출채권을 주식으로 전환하기 위한 자금으로 주로 활용되어 중소기업부문의 부채 감축에 기여할 예정이다.

그 밖에도 서민주택 공급을 늘리기 위해 부동산 정책을 강화하거나,

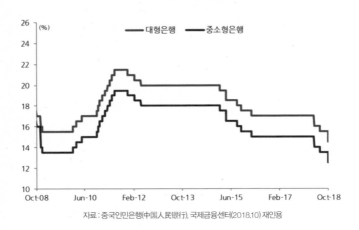

중국 은행 지급준비율 변화

자료 : 중국인민은행(中國人民银行), 국제금융센터(2018.10) 재인용

주변국들과의 협력적 관계를 유지하면서 일대일로 사업이 차질 없이 이루어질 수 있도록 하는 등 다양한 정책적 대응이 이행되고 있다.

중국 경제 위기와 기업의 대응

중국 경제를 경고하는 목소리가 커지고, 중국경제가 상반기 안정적인 성장흐름을 유지하고 있지만 한시적일 수 있다는 우려가 있다. 한국 경제는 총 수출의 약 4분의 1을 중국에 의존하고 있는 구조에서 중국의 '회색 코뿔소'의 위협을 피해가기 어렵다고 보인다. 이러한 상황 하에서는 국내 기업들이 철저한 대비책을 마련할 필요가 있다.

첫째, 중국경제의 주요한 리스크 요인들을 지속적으로 모니터링 하여 갑작스런 위기에 대비할 수 있도록 해야 한다. 경기는 회복되고 있으나, 기업 부채 확산, 은행 부실 확대 등 구조적 리스크가 확대되고 있음에 주목해야 한다. 특히, 중국 기업의 채무 불이행 문제가 해소되지 않음에 따라 신용리스크가 확대될 수 있기 때문에, 국내 외환시장 안정성을 확보하는 노력이 요구된다. 둘째, 중국 정부의 위기관리 대응책들을 눈여겨 볼 필요가 있다. 중국 정부는 '회색 코뿔소' 요인에 의해 초래될 수 있는 시스템리스크에 대응하여 다양한 정책들을 추진하고 있다. 중국 정부의 대응 경과를 인식해 위기를 방지하고, 다양한 기회요인들을 모색할 수 있다. 셋째, 중장기적으로는 중국에만 편향적으로 의존적인 수출 전략에서 수출대상국을 다변화하여, 수출 리스크를 완화하는 노력도 필요하다.

CHAPTER 6

신흥국발 세계 경제 위기의 가능성
Economic Outlook for 2019

세계 경제의 불확실성이 증폭되고 있다. 2018년 하반기부터 시작해 2019에는 불확실성의 주된 요인으로 신흥국 위기가 등장하기 시작했다. 아르헨티나가 국제통화기금(IMF)으로부터 구제금융을 받고, 터키를 비롯한 인도네시아, 브라질, 남아프리카공화국, 중국 등의 신흥국들의 통화 가치가 급락했다. 많은 신흥국들의 주가도 급락하고 있고, 자본유출로 인해 세계 경제에 연쇄적인 영향을 줄 수 있을 것으로 우려되고 있다. 2019년에는 신흥국 위기 가능성이 고조되고 있는 배경과 경과를 정확히 이해하고, 한국 경제의 적절한 대응책을 고민해 볼 필요가 있겠다.

미국의 마이웨이식 금리인상

미국이 기준금리 인상속도를 가속화하고 하고 있다. 2008년 글로벌 금융위기를 경험한 이후 적극적으로 통화량을 늘리고, 기준금리를 인하하는 등 경기부양을 위한 완화적 통화정책을 펼쳤고, 그 영향으로 미국의 실물 경기가 뚜렷한 회복세를 보이기 시작했다. 미국 경제성장률은 2016년 1.5퍼센트에서 2017년 2.3퍼센트로 뚜렷한 회복세를 나타냈고, IMF의 7월 전망에 따르면 미국은 2018년과 2019년에 각각 2.9퍼센트, 2.7퍼센트의 높은 성장 속도를 유지할 것으로 보인다.

미국은 내수 경제가 뚜렷한 회복세를 보이자, 통화량을 축소하고 기준금리를 인상하기 시작했다. 2015년 12월, 2016년 12월 각 한차례씩 기준금리를 인상하고, 2017년에는 3차례 인상했다. 미국 연준은 2018년 한 해 동안에는 4차례, 2019년에는 3차례 기준금리 인상안을 발표했다. 미국은 통화정책을 정상화하고 있지만, 다른 나라들은 아직 준비가 되어 있지

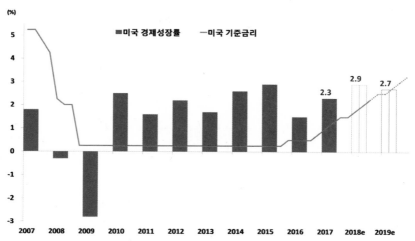

미국의 경제성장률 및 기준금리 추이와 전망

자료 : IMF, Fed | 주 : 2018년과 2019년의 기준금리는 미국 연준의 발표를, 경제성장률은 IMF의 전망치를 기준함

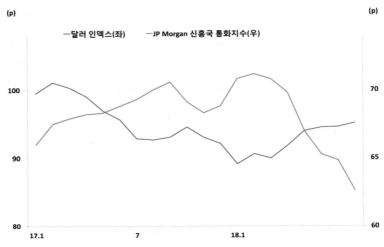

미국과 신흥국의 통화가치 추이

(p)

―달러 인덱스(좌)   ―JP Morgan 신흥국 통화지수(우)

(p)

자료 : 국제금융센터, Bloomberg | 주 : 각 월별 종가 기준임

않은 상황이다.

미국이 기준금리를 인상하는 동안, 달러가치는 상승하고 상대적으로 신흥국 통화가치가 하락하고 있다. JP Morgan 신흥국 통화지수는 2018년 2월 71.2포인트의 고점을 기록한 이후 급격하게 하락하고 있다. 상대적으로 달러가치는 지속적으로 상승하고 있다. 향후에도 미국 기준금리 인상속도가 유지된다고 했을 때, 달러와 신흥국들의 통화가치는 점차 벌어지게 될 것이다.

미중 무역 분쟁과 미국의 대신흥국 제재

고래 싸움에 신흥국 새우등이 터지고 있다. 미중간의 무역 분쟁에 따라 원자재 공급자의 역할을 하던 신흥국들이 타격을 입고, 제조기지 역할을 하던 신흥국들이 경기가 위축되고 있다. 특히, 무역 분쟁이 확산될 경우 대중 무역의존도가 높은 국가들의 타격이 확대될 것으로 보인다.

더욱이, 미국의 몇몇 신흥국들을 대상으로 한 정치적 제재로 해당 신흥국뿐만 아니라 경제적 고리가 깊은 국가들에게까지 영향이 전가되고 있다. 먼저, 미국은 터키 법원의 미국인 목사(Andrew Brunson) 구금 결정(2018년 7월 31일)에 대해 터키 장관 2명(법무부, 내무부)에 대한 금융제재 조치(미국 내 자산 동결 및 미국과의 거래 금지)를 발표했고, 2018년 8월 3일 터키 수출품에 대한 관세면제($17억) 재검토를 발표했다. 한편, 러시아의 국제법 위반(영국 이중 스파이 암살 사건)에 대해 러시아 국가 안보와 관련된 상품 수출 및 기술이전 금지 조치를 발표했다.

미국의 이란 제재도 상당한 불확실성 요인이 되고 있다. 미국이 핵협정 탈퇴를 선언하면서 대이란 경제제재를 강화해 오고 있다. OPEC 회원국 중 원유 매장량이 세 번째로 높은 이란의 원유공급에 제동이 걸림에 따라 국제유가가 상승했다. 더욱이 이란의 이웃나라인 이라크는 미국의 대이란 경제제재를 모두 이행하지 않겠다고 선언하면서 정치적 불안정성이 더 높아지고 있다.

이러한 과정에서 신흥국의 자금유출 우려가 거세지고 있다. 터키 리라화, 러시아 루블화 등의 통화가치가 급락하고, 수출 축소로 외환보유고가

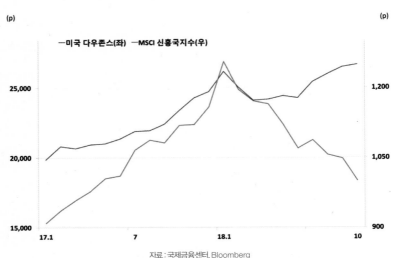

미국과 신흥국의 주가 추이

(p)   (p)

—미국 다우존스(좌) —MSCI 신흥국지수(우)

25,000   1,200

20,000   1,050

15,000   900

17.1   7   18.1   10

자료 : 국제금융센터, Bloomberg
주1 : 각 월별 종가 기준이며, 2018년 10월은 7일(한국시간) 기준임
주2 : MSCI(Morgan Stanley Capital International)는 세계 주가 지수를 작성해서 발표하는 기관임

줄어들고, 국제유가 상승에 따른 부담이 큰 나라들은 충격이 중첩되고 있
다. 신흥국 자금유출 우려로, 세계 경제의 불확실성이 고조되자, 다른 신
흥국에 투자되었던 자금을 회수해 안전자산으로 옮기고 있는 현상이 두
드러지고 있다. MSCI 신흥국지수는 2018년 1월 1,254.6포인트를 기록
한 이후 급격한 하락세를 보이고 있다.

위험 신흥국들에 대한 고찰

신흥국들이 위기에 처하게 된 주요 배경을 요약하자면, ①미국 기준금리 인상에 따른 통화가치 급락과 ②미중 무역 분쟁과 신흥국 제재다.

먼저, 미국의 경기 호조로 미국 연방준비제도(Fed)의 금리인상, 달러 강세가 지속되면서 글로벌 자금이 신흥국에서 미국으로 급격히 이동할 경우 외화펀딩 및 외채상환 리스크가 큰 국가의 취약성이 부각되고 있다. 외환보유액에 비해 단기외채 부담이 커지면서 외국인 증권투자 비중이 높은 국가들이 이에 해당한다. IMF는 외환보유액이 적정수준에 미달하는 국가로 아르헨티나, 헝가리, 남아공, 터키, 말련 등을 지적한 바 있다. 한편, 위기 확산 시에는 외환보유액이 충분하더라도 외국인 증권투자 비중이 높을수록 급격한 자금유출 가능성이 높다. 미국 기준금리 인상에 취약한 국가들로 국내외 주요 연구기관들이 선정한 취약국가들에는 파키스탄, 터키, 아르헨티나, 말련, 남아공, 체코, 헝가리, 폴란드, 칠레가 있다.

미국 기준금리 인상에 취약한 국가들

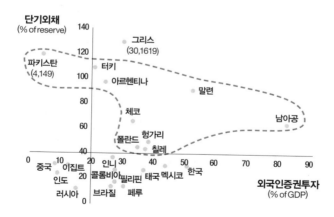

자료 : IMF, Bloomberg, KCIF

미국은 경상수지 적자를 적정수준으로 관리하기 위해 경상수지 흑자국에 통상압력을 강화할 가능성이 높다. IMF는 미국의 GDP 대비 경상수지 적자 비중이 2017년 2.4퍼센트, 2018년 3.0퍼센트(e)에서 2019년 3.4퍼센트(e)로 늘어날 것으로 전망하고 있다. 과거 1985년 플라자합의, 1998년 자본시장 개방 압력, 2005년 글로벌 불균형 논쟁 등의 경험에 비추어 보면, 미국의 통상압력이 상당기간 지속될 것으로 전망된다.

대미 무역의존도가 높으면서, 대중 무역의존도가 높은 국가들(멕시코, 콜롬비아, 페루, 칠레, 브라질, 베트남, 필리핀 등)은 미중 무역 분쟁이 2019년에도 격화될 시 상당한 위험에 노출될 것으로 판단된다. 한편, 미국의 통상압력은 GDP 대비 경상수지 적자비중이 큰 국가(이집트6.4%, 터키5.5%, 아르헨티나4.8%, 파키스탄4.1%, 콜롬비아3.4% 등)에 큰 충격을 줄 것으로

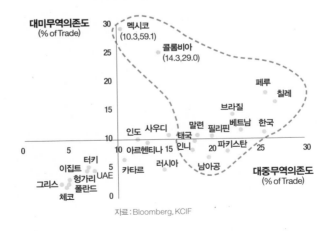

미중 무역 분쟁에 취약한 국가들

자료 : Bloomberg, KCIF

분석된다. 미국의 통상압력은 상품, 서비스, 기술보호 등으로 상대국의 경상수지를 악화시킬 뿐만 아니라 환율조작국 지정 등 외환정책 제한을 통해 금융 자본 거래의 변동성을 확대시키는 등 광범위하다.

가장 위험한 신흥국은?

세계 경제의 불확실성이 확대되면서 특히 신흥국을 중심으로 위기 발생 가능성에 대한 우려가 심화되고 있다. 최근 국내외 많은 연구기관들은 위기신흥국들을 분석해 왔다. 현대경제연구원의 연구결과에 따르면, 현재 고위험군에 속하는 국가에는 아르헨티나, 터키, 이집트, 미얀마, 남아공, 우크라이나가 포함된다(현대경제연구원, 2018.7.).

고위험군에 속하는 신흥국들은 경상수지 및 재정수지 적자폭이 크고, 고물가에 따른 부담이 심각한 상황이다. 특히, 신흥국의 외화부채가 사상

주요 신흥국의 위기점검 결과(2018)

위험군	국가
고위험군	아르헨티나, 터키, 이집트, 미얀마, 남아공, 우크라이나
중위험군	브라질, 그리스, 헝가리, 인도, 멕시코, 말레이시아, 베트남
저위험군	콜롬비아, 인도네시아, 페루, 폴란드, 카타르
안전군	한국, 대만, 칠레, 필리핀, 태국, 아랍에미리트, 체코, 러시아

자료 : IMF, World Bank, 현대경제연구원
주 : 위기판단지표상 IMF 기준치를 초과한 항목의 개수가 3개 이상이면,
'고위험군', 2개면 '중위험군', 1개면 '저위험군', 없으면 '안전군'으로 분류

고위험군 국가(2018)

	기준	아르헨티나	터키	남아공	이집트	미얀마	우크라이나
경제성장률	–	2.0	4.4	1.5	5.2	6.9	3.2
물가상승률	5	22.7	11.4	5.3	20.1	5.5	11.0
경상수지/GDP	–5	–5.1	–5.4	–2.9	–4.4	–5.4	–3.7
재정수지/GDP	–2	–5.5	–2.9	–4.2	–10.0	–3.9	–2.5
정부부채/GDP	50	54.1	27.8	54.9	91.2	35.6	78.4
단기외채/외환보유액	100	98.3	109.1	65.1	23.3	–	90.7

자료 : IMF, World Bank, 현대경제연구원
주 : 위기판단지표상 IMF 기준치를 초과한 항목의 개수가 3개 이상이면,
'고위험군', 2개면 '중위험군', 1개면 '저위험군', 없으면 '안전군'으로 분류

최고 수준으로 증가하면서, 채무상환 불이행 가능성이 높아지고 있다. 터키의 외화부채 비중은 GDP대비 70퍼센트로 최대이고, 헝가리(64%), 아르헨티나(54%), 폴란드(51%), 칠레(50%)도 매우 높은 수준이다. 신흥국 통화가치 하락으로 달러화 차입 비용이 증가하면서 신흥국 기업과 정부에 대한 채무불이행 가능성이 높아지고 있다.

불확실성 속의 확실성을 찾아라

첫째, 기업들은 모니터링 기능을 강화해야 한다. 환율 등의 금융지표의 변동성이 커질 수 있기 때문에, 안전망을 강화해야 한다. 취약 신흥국에

대한 수출의존도가 높은 기업들은 해당 국가들에 관한 경영환경을 더욱 신중히 진단해야 한다.

둘째, 정부는 모니터링 기능이 약한 중소기업들에게 적극적인 메신저 역할을 수행해야 한다. 수출지원 정책이나, 원자재 공급선 관리 등의 면에서 신흥국 경제 여건을 정확히 안내해 주는 역할이 필요하다.

셋째, 정부의 경제정책은 신흥국 위기의 국내 경제 전이를 최소화하는 데 초점을 두어야 한다. 개별 신흥국의 위기 발생은 국내 경제에 큰 타격을 주지는 않을 것으로 예상된다. 그러나 몇몇 취약 신흥국의 위기가 신흥국 전반으로 확대될 가능성이 있음에 유의해, 국내 경제에 충격이 가지 않도록 대응전략을 마련해야 한다.

2019
deciding
point

PART

2

2019년 한국 경제의 주요 이슈

구조적 장기침체의 가능성
'고용 없는 경제', 언제까지 지속되는가?
덩치 큰 예산안, 실속 없는 가계부
'1인 가구'가 주도하는 솔로 이코노미 시대
부동산 시장은 과연 잡힐 것인가?
'저녁 있는 삶'의 본격화, '돈 없는 저녁'이 불러온 한숨
왜 나의 삶만 팍팍하나, 체감과 다른 물가

CHAPTER 1
구조적 장기침체의 가능성
Economic Outlook for 2019

To avoid situations in which you might
make mistakes may be the biggest mistake of all.

"실수를 저지를지 모를 상황을 피하는 것이야말로 가장 큰 실수이다."

– Peter McWilliams 미국의 시인

국내외 주요 기관들이 한국 경제성장률을 하향 조정하고 있다. 한국 경제에 대내외 다양한 불안요인들이 상존해 있어, 중장기적

자료 : CANNABIS CULTURE

인 침체국면에 처할 수 있음을 경고하고 있다. 그럼에도 불구하고 정부는 '최근 경제동향'을 통해 한국 경제에 대해 낙관적으로 바라보고 있음을 시사했다. 2017년 12월부터 열 달째 "우리 경제가 회복세를 이어가고 있

다"고 언급했고, 하반기에는 소득주도성장의 성과가 나올 것이라는 긍정적인 입장을 고수하고 있다.

한국 경제는 세계 경제의 흐름과 크게 역행한 적이 없다. 하지만 지금 우리가 그 사실을 제쳐둔 채 '실수를 저지를 수도 있는 상황'을 피하고자 더 큰 경제적 판단의 실수를 범하고 있는 건 아닌지 우려되는 상황이다. 미래 경기를 예측하는 지표인 경제협력개발기구(OECD) 경기선행지수(CLI)도 하락세를 지속하고 있다. 특히 우리나라 경기선행지수는 1년 5개월 연속 하락했다. 2018년 10월 8일(현지시간) OECD가 발표한 한국의 경기선행지수는 8월 99.19를 기록해 지난해 3월 101.01을 찍은 후 1년 5개월 연속 하락했다.

OECD 경기선행지수는 6~9개월 뒤 경기 흐름을 예측하는 지표다. 한국의 OECD 경기선행지수가 이처럼 오랜 기간 하락세를 기록한 것은 외

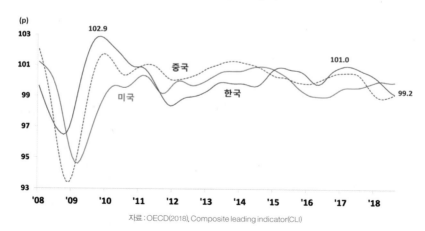

OECD 경기선행지수 추이

자료 : OECD(2018), Composite leading indicator(CLI)

환위기 때인 1999년 9월부터 2001년 4월까지 20개월 내리 하락한 후 최장 기록이다. 반면, 중국의 OECD 경기선행지수는 최근 반등하여 회복되는 모습을 보이고 있고, 미국은 2016년 말부터 지속적으로 상승하고 있다.

한국의 중장기적 경제 동향

한국의 경제성장률은 2008년 글로벌 금융위기 이후, 상당한 수준으로 둔화된 모습이다. 금융위기 이전에는 5퍼센트대를 상하회하는 경제성장률을 기록했으나, 이후에는 3퍼센트대를 넘지 못하는 지지부진한 흐

한국 경제성장률과 실업률 장기추이

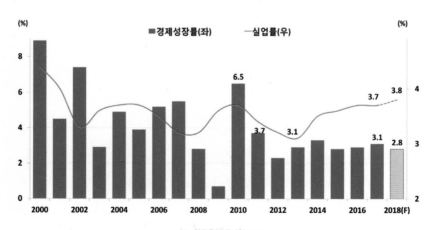

자료 : 한국은행, 통계청, IMF
주 : 2018년 경제성장률은 IMF(2018.10)의 전망치임

름을 보이고 있다. 2017년에는 3.1퍼센트라는 깜짝 성장을 기록했으나, 2018년에는 2.8퍼센트로 다시 하락할 전망이다(IMF, 2018.10).

한국 경제의 부진을 설명해 주는 가장 중요한 지표는 '고용'이다. 2013년 실업률이 3.1퍼센트를 기록한 이후, 지속적으로 상승해 2017년에는 3.7퍼센트를 기록했고 2018년에는 3.8퍼센트를 기록할 전망이다(고용에 관한 내용은 이후 별도의 챕터에서 자세하게 다루기로 한다). 국민경제에서 고용은 소득의 선행변수다. 고용난은 소득수준을 위축시키고, 이어서 소비침체로 연결시킨다는 측면에서 한국 경제를 구조적 장기침체로 연결시키는 중대한 역할을 한다.

실제로, 민간소비가 위축되고 있다. 국내총생산(GDP)에서 가장 많은 비중을 차지하는 소비가 2017년 4분기 3.4퍼센트, 2018년 1분기 3.5퍼센트 증가했다가 2018년 2분기 들어 2.8퍼센트로 둔화되었다. 고용시장이 얼어붙은 상황에서 향후 소비가 진작될 것이라는 기대를 하기는 어렵다.

한국 경제의 흐름을 읽는 또 다른 기준은 '투자'다. 투자는 고용의 선행지표로 작용하기 때문에 고용시장에 온기를 불어넣는 투자가 회복세에 접어드는지 잘 살펴볼 필요가 있다. 하지만 안타깝게도 설비투자와 건설투자가 2018년 2분기 들어 마이너스를 기록했다. 설비투자와 건설투자 증감률은 2017년 1분기부터 엄청난 속도로 하락하고 있다. 2018년 하반기와 2019년에 대내외적으로 불확실성이 가득한 가운데 투자가 진작될 여지가 없는 것이다. 금리마저 초저금리에서 벗어나 상승세로 전환된

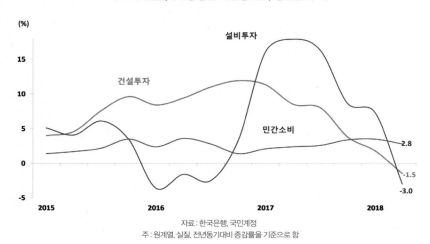

주요 부문별(국내총생산 지출항목별) 증감률 추이

(%)

설비투자

건설투자

민간소비

2.8

-1.5

-3.0

2015   2016   2017   2018

자료 : 한국은행, 국민계정
주 : 원계열, 실질, 전년동기대비 증감률을 기준으로 함

시점이기 때문에 기업들의 투자를 이끌어내는 것은 더욱더 어려울 전망이다. 투자가 침체된 경제는 고용시장을 더욱 얼어붙게 만들고, 이는 다시 소비를 위축시켜 악순환에 처할 수 있다.

대내 구조적 불안요인

평균소비성향도 크게 하락하고 있다. 평균소비성향은 소득 중에서 얼마를 소비지출로 옮기냐를 나타내는 지표다. 평균소비성향이 하락하고 있다는 말은 소득이 늘었거나 줄었거나, 소비를 더욱 줄이고 있음을 뜻한다. 향후 경제가 불안하다고 인식할수록, 평균소비성향이 줄어드는 경향

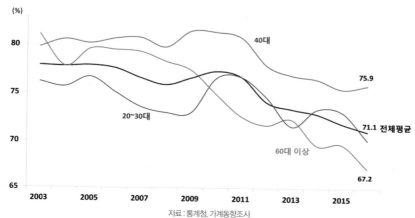

가구주 연령대별 평균소비성향 추이

(%)

40대

80

75.9

75

20~30대

71.1 전체평균

70

60대 이상

67.2

65

2003　　2005　　2007　　2009　　2011　　2013　　2015

자료 : 통계청, 가계동향조사
주1 : 전국 2인이상 가구를 표본으로 함 | 주2 : 평균소비성향 = 소비지출 / 처분가능소득 × 100

이 있다. 평균소비성향이 줄어드는 구조적인 현상은 60대 이상 가구의 경우 더욱 뚜렷하게 나타나고 있다. 고령화 속도가 빠르게 진행되고 있는 가운데 한국의 평균소비성향은 회복이 어려운 구조에 봉착해 있다고 판단된다.

평균소비성향을 하락시키는 중요한 요인 중 하나로 가계부채를 들 수 있다. 가계부채 규모는 2018년 중에 1,500조 원을 돌파할 것으로 전망된다. 가계부채의 급증은 개인이 벌어들이는 소득 중 대부분이 '빚 갚는데' 쓰이고 있음을 의미한다. 채무상환비율(DSR; Debt Service Ratio)은 가구의 채무상환능력을 보여주는 보편적인 지표다. 소득 중 얼마를 원금과 이자를 상환하는 데 쓰고 있는지를 나타낸다. 채무상환비율이 40퍼센트를 넘어서면 고위험가구라고 하는데, 2017년 들어 저소득층(소득 1분위 가

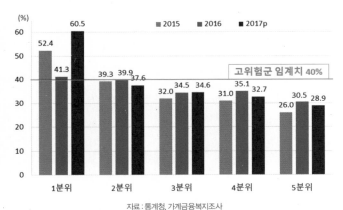

소득 5분위별 채무상환비율 추이

자료 : 통계청, 가계금융복지조사

주1 : 금융부채 보유 가구를 대상으로 각 지표 추계 | 주2 : 채무상환비율＝원리금상환액/가처분소득×100

구)의 채무상환비율이 60퍼센트를 넘을 전망이다. 저소득층을 중심으로 원리금상환에 대한 부담이 가중되어, 소비를 이행하는 데도 한계가 있다. 전반적으로 구조적 악순환에 빠진 모습이다.

수출, 구조적 장기침체의 구원투수?

최근 한국 경제가 그나마 버텨올 수 있었던 이유는 수출에 있다. 2017 ~2018년 동안 상당한 수출 호조가 지속되었기 때문이다. 지금까지 한국 경제는 수출과 투자 측면에서 반도체에 상당히 의존해 왔다. 전체 수출액에서 반도체 수출액이 차지하는 비중은 2014년 10.9퍼센트였으나 2017년부터 큰 폭으로 증가했으며, 2018년(1~8월 누계)에는 20.8퍼센

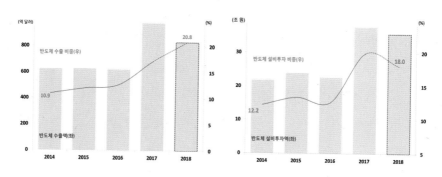

| 반도체 수출 추이 | 반도체 설비투자 추이 |

자료 : 한국무역협회, 현대경제연구원 재인용
주 : 2018년은 1~8월 누계 기준

자료 : 한국산업은행, 현대경제연구원 재인용
주 : 2014~2017년은 실적, 2018년은 계획

트를 차지한다. 2017~2018년 동안의 수출 호조는 반도체 수출이 주도했던 것이다. 특히, 반도체 품목 중에서도 메모리반도체 비중이 73.7퍼센트로, 메모리반도체에 대한 의존도가 매우 높은 상황이다.

반도체 수출마저 불투명하다면, 한국 경제는 어떻게 될 것인가? 향후 세계 반도체 시장의 성장 둔화가 예상되고 있다(현대경제연구원, 2018.10). 최근 반도체 수출의 호조에 따라 반도체 부문의 설비투자가 증가해왔다. 그러나 2018년 들어 반도체 설비투자액이 줄어들고, 생산 및 수출도 점차 줄어들 것으로 전망된다. 부진한 내수 상황에 따라 향후 수출도 부진을 면하기 어려울 전망이다. 자칫 구조적 장기침체의 늪에 빠질 위기에 처해있다.

구조적 장기침체, 어떻게 극복해야 하는가?

구조적 장기침체를 극복할 방안이 될 수 있는 몇 가지 사실들을 살펴보자. 우선 반도체 등 일부 품목에 집중되어 있는 수출구조를 전환해야 한다. 반도체 이외의 주력 수출품목들이 나와야 한다. 수출구조 측면에서는 품목만의 문제가 아니다. 수출 대상국에 대한 다변화도 동시에 추진해 몇몇 수출 대상국이 위기에 처할 때도 버틸 수 있는 구조를 만들어야 한다.

기업들이 적극적으로 투자할 수 있는 환경을 만들어야 한다. 무엇보다 신산업을 발굴하고, 새로운 산업에 다소 공격적으로 투자할 수 있도록 여건을 조성해야 한다. 세제지원과 자금지원뿐만 아니라 기업들의 산업 구조조정을 적극적으로 이행할 수 있도록 하는 제도개편도 요구된다.

기업들의 투자가 장려되면 자연스럽게 양질의 일자리가 구축될 것이고, 이로 인해 기대할 수 있는 파급효과도 여럿 있다. 때문에 무엇보다 중요한 것은 다시 경제의 선순환 구조를 만들어 소득이 늘어나고, 다시 소비가 진작되는 경제로 전환하려는 노력이다.

모든 방안에 앞서 2019년의 경제를 객관적으로 들여다보아야 한다. 경제를 낙관적으로만 봐서는 안 된다. 대책 없는 낙관은 '실수를 저지를지도 모를 상황을 피하는 것'일 뿐이다. 이는 한국 경제를 구조적 장기침체에 처하게 만드는 가장 큰 실수가 될 수 있음을 기억해야 한다.

CHAPTER 2

'고용 없는 경제', 언제까지 지속되는가?

Economic Outlook for 2019

대학교 졸업식의 풍경을 떠올려보자. 초·중·고를 거쳐 대학이라는 기나긴 학업의 과정을 마친 주인공들의 얼굴엔 미소가 그려져 있지만 한편으로 근심이 비친다. 청년이 걱정하는 이유는 아마도 그의 신분이 대학생이 아닌 취업준비생으로 바뀌기 때문일 것이다. 여러 곳에서 인턴생활도 해봤지만, 인턴은 인턴일 뿐 정규직은 멀기만 하다. 부지런한 청년들의 이력서에는 한 줄 한 줄 빛나는 경력이 쌓이지만, 인턴을 포함해 구직 활동 중인 청년들은 통계상 실업자로 분류된다.

에코붐 세대의 막바지에 태어난 청년들이 사회에 진입하기 시작하자 일자리 찾기 경쟁은 더욱 심화되는 추세다. 이 청년들은 사회진입을 위해 더 많은 것을 준비하고, 더 오랜 시간을 이겨내야 한다. 사회진입을 위해 이런저런 시도를 하지만 별 소득 없이 30대가 되어 더는 청년이라 불리지 못하는 경우도 많다. 취업이 늦어지니, 결혼도 늦어지고, 소득이 불안정하니 출산도 부담이 될 뿐이다. 저출산의 문제는 사실 청년실업과 연결되어 있다.

최근 취업을 준비하는 청년에게서 다음과 같은 아픈 질문을 들었다. "실업자가 더 좋은 것 아닌가요?" 실업자는 실업수당을 받을 수 있으니, 돈벌이가 없는 취준생보다는 낫다는 의미였다. 한 명문대 대학생은 "인턴이라도 되면, 바로 휴학하겠다"고 이야기했다. 아무 인턴 경력 없이는 졸업이 곧 실업이 되는 현실을 나타내는 말이다.

부진한 '고용성적표'

'고용성적'을 판단하기 위해 사용하는 가장 일반적인 잣대는 취업자 증감 수치(전년동기대비)다. 작년 이맘때 대비해서 취업자가 얼마나 늘었는지

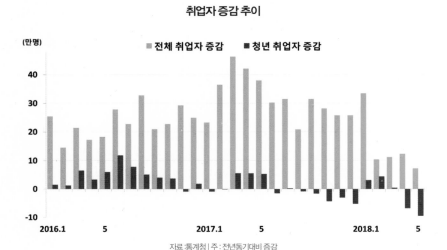

취업자 증감 추이

자료 : 통계청 | 주 : 전년동기대비 증감

를 보여주는 지표인 것이다. 통계적으로 취업자는 매월 조사기간(일주일) 동안 수입을 목적으로 1시간 이상 일한 자로 정의된다.

2018년 들어서 취업자 증감이 큰 폭으로 조정되고 있다. 통계적으로 취업자는 매월 조사기간(1주일) 동안 수입을 목적으로 1시간 이상 일한 자로 정의된다. 취업자 증감은 2017년 5월 37.9만 명에서 2018년 5월 7.2만 명으로 줄어들었다. 청년 취업자 증감은 더 심각하다. 2017년 5월 5.3만 명에서 2018년 5월 -9.5만 명으로 줄어들었다. 이 말은, 즉 1시간 조차 일하지 못한 청년들이 큰 폭으로 증가했다는 사실을 나타낸다.

실업률 추이는 어떤가? 2016~2018년 동안의 '5월 실업률'을 비교해 보기로 하자. 2016년과 2017년 3.6퍼센트에서 2018년 4.0퍼센트로 상승했다. 청년실업률은 또 어떤가? 2016년 9.7퍼센트, 2017년 9.2퍼센트에서 2018년 10.5퍼센트로 상승했다. 특히 청년실업률의 경우, 외환위

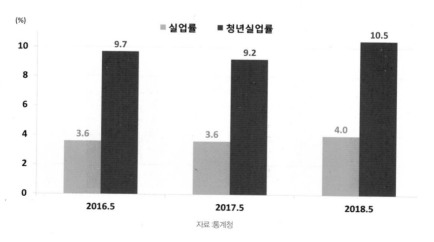

연도별 '5월 실업률' 비교

자료: 통계청

기 직후인 1999년 이후 가장 높은 수준이다. 1999년 이후 '5월 청년실업률'이 두 자릿수를 기록한 것도 처음이다.

"세계적으로 다 위기 아닌가?" 어제저녁 한 모임에 참석한 지인이 한 말이었다. 고용성적표 부진이 만약 우리나라만의 문제가 아니라, 전 세계적인 트렌드 혹은 구조적인 원인이라면 그래도 개인에게는 조금이라도 위안이 될 수 있을지 모른다.

그래서 비교해 보았다. 한국의 실업률은 상승했고, 미국과 일본은 오히려 하락했다. 2017~2018년 동안 한국의 5월 실업률이 3.6퍼센트에서 4.0퍼센트로 상승하는 동안, 미국은 4.1퍼센트에서 3.6퍼센트로, 일본은 3.1퍼센트에서 2.3퍼센트로 오히려 하락했다. 변화폭을 기준으로 보면, 한국은 0.4퍼센트 포인트 상승했는데, 미국은 0.5퍼센트 포인트, 일본은 0.8퍼센트 포인트의 큰 하락폭을 기록했다.

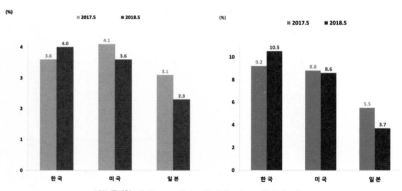

주요국 2017년과 2018년 '5월 실업률' 비교   주요국 2017년과 2018년 '5월 청년실업률' 비교

자료 : 통계청, U.S. Bureau of Labor Statistics, Japan Statistics Bureau
주 : 청년층의 기준은 한국 15~29세, 미국 16~24세, 일본 15~25세로 국별로 차이가 있음

청년실업은 더 말할 것도 없다. 한국의 청년실업률은 2017년 5월 9.2퍼센트에서 2018년 5월 10.5퍼센트 상승했는데, 같은 기간 미국은 8.8퍼센트에서 8.6퍼센트로 하락했다. 일본도 5.5퍼센트에서 3.7퍼센트로 하락했다. 혹시 통계치가 잘못된 것은 아닌지 의심을 할 만큼 충격적인 결과다. 비교 국가 중 유일하게 한국만 악화가 된 것이다.

고용 부진의 배경

한국의 고용성적표 부진에 대해 더 살펴보자. 우선 원인을 파악하는 것이 먼저다. 원인을 알면 해결책도 찾을 수 있을 것이다. 어떠한 정치적 의도 없이, 객관적으로 그 이유를 찾아야만 한다. 한국 경제는 2018년 상반기까지 계속 회복세를 지속해왔는데, 왜 고용은 부진한 것인가? 고용 부진에는 수많은 요인들이 있겠지만, 구조적인 요인들을 제외하고 경기적인 요인들만 생각해보기로 하자. 미스매치 문제나 4차 산업혁명 등의 구조적 요인을 탓한다면, 긴급한 대책들이 마련될 수 없기 때문이다. 이 점을 유의하며 다음의 네 가지 경기적 요인을 살펴보자.

첫째, 산업 구조조정의 원인이 있다. 군산, 거제, 울산 등 산업 구조조정이 가속화 되고 있는 지역의 경우 실업문제가 특히 심각하다. 주요 제조 공장들이 문을 닫으면서, 지역 내 자영업자들도 함께 문을 닫고 있다. 2018~2020년 동안에는 산업 구조조정이 지속될 것으로 예측되는 바 실업문제는 쉽게 해결되지는 않을 전망이다.

둘째, 기업의 투자여건이 악화되고 있다. 고용의 가장 중요한 선행변수는 '투자'다. 기업들이 투자를 늘린다는 이야기는 새로운 사업을 시도하거나, 공장을 증설하거나, 매장을 늘리는 등의 행동을 한다는 뜻이다. 투자여건이 악화된다는 것은 기업들이 새로운 사업을 시도하길 꺼리거나, 공장을 증설하지 않거나, 매장을 늘리기 어려운 상황임을 뜻한다. 금리가 상승세로 전환되어 돈을 빌려 적극적으로 투자하기 어려워졌고, 불확실성이 확대되면서 위험을 감내해야 하는 신규 투자가 부담이 되고 있다. 미국의 기준금리 인상 속도가 가속화되고, 세계 경제가 긴축의 시대로 전환되면서 투자여건은 더욱 악화될 것으로 보인다.

셋째, 정책적인 부분에서도 원인을 찾을 수 있다. 그간의 정책을 생각해보자. 그릇이 담을 수 있는 물의 양은 한정적인데 오직 물을 더 붓는 정책에만 주력했던 것은 아닐까? 이제는 반대로 그릇을 키우는 정책이 필요하다. 그릇을 키우면 자연스레 담을 물이 많아질 것이다. 생산규모가 커지지 않는 영역에서 의도적으로 일자리만 늘리는 일은 한계가 있다. 공공서비스가 확대되지 않는데 공공일자리만 늘리는 일은 한시적으로만 질 낮은 일자리가 창출되도록 하고, 질 낮은 일자리는 쉽게 실업자를 만들게 된다. 기업들의 투자의지가 꽁꽁 얼어붙어 있는 상황에서는, 양질의 일자리를 기대하기 어렵다.

넷째, 기술적인 요인도 있다. 위의 세 번째 정책적인 요인과 맞물려, 근로조건을 개선해야 하는 고용주의 부담은 자연스럽게 '인간의 노동력을 대체할 기술'을 찾도록 유인한다. 1차 산업에서는 스마트 팜을, 제조업에서는 스마트 팩토리를 도입한다. 유통업에서는 키오스크(KIOSK)를 도입하고, 금융업에서는 스마트 뱅킹을 도입하는 등 서비스업에서의 변화가 가파르다.

고용한파를 극복하는 방법은 무엇인가?

2018년 한국의 고용시장 여건은 '20년만에 최악'인 수준이었다. 2019년에도 작년과 마찬가지로 고용시장의 상황이 크게 개선되기 어려울 전망이다. 일자리 예산을 확장적으로 지출해 공공부문의 일자리를 확대하는 노력을 가하고 있지만, 위에서 설명한 '고용 부진의 배경'을 궁극적으로 해소시키지는 못하기 때문이다.

그렇다면, 한국의 고용성적표를 변화시킬 방법은 없는 것일까? 청년들에게 어려운 환경을 넘겨준 선배 사회인으로서, 이 사회를 함께 짊어지고 나가야 할 사회의 구성원으로서 고용한파가 장기화되지 않을 수 있는 방법들을 제안해 본다.

첫째, 산업 구조조정 과정에서 유출되는 인력들의 재취업을 지원하는 정책들이 강화되어야 한다. 유출되는 인력들을 해외 기업에 매칭하는 지원을 확대하거나, 재교육 재취업 프로그램을 통해서 다른 산업의 인재로 성장하도록 유도할 수 있다. 혹은 그런 프로그램을 통해서 제조 인력을 서비스 인력으로 양성할 수 있다. 예를 들어, 중장비 기계 생산직 근로자를 특정한 프로그램을 통해서 A/S 서비스직으로 양성할 수 있다.

둘째, 기업의 투자여건을 개선해야 한다. 주요 신산업을 중심으로

R&D 예산 지원을 확대해 기업들의 투자를 유도할 수 있다. 일관성 없는 규제, 투자를 억제하는 과도한 규제를 적극적으로 완화해야 한다. 또한 세계열강이 경쟁적으로 신산업을 확대해 가고 있는데, 우리나라만 국내 규제에 가로막혀 있는 것은 아닌지 거듭 생각해봐야 한다. 그 외에도 세제 혜택, 자금지원 등을 통해 기업들이 신산업으로 진출할 수 있도록 해야 한다. '투자 없는 고용'은 큰 의미가 없다.

셋째, 정부는 고용 친화적인 정책들을 확대해야 하고, 기업들은 지원제도들을 적극적으로 활용할 수 있도록 해야 한다. 내일채움공제나 청년 추가고용 장려금 등의 정책지원을 확대해 중소기업들의 근로여건을 개선해줄 수 있다. 최저임금인상 및 주 52시간 근무제 등의 정책들이 기업들에게 부담으로만 작용해 인력유출로 연결되지 않도록 보완책을 강구해야 한다.

CHAPTER 3

덩치 큰 예산안, 실속 없는 가계부

Economic Outlook for 2019

2018년 하반기에 '2019년 나라 가계부'가 발표되었다. 기획재정부가 매년 발표하는 예산안은 이듬해 나라의 살림살이를 어떻게 해나갈 것인지 알 수 있는 가계부다. 2019년 나라 가계부의 모습을 한마디로 표현하면, '빚져서 복지'다.

"위기상황은 아니라는 것이 정부의 판단이다" 2019년 예산안을 발표하면서 김동연 경제부총리 겸 기획재정부 장관이 한 말이다. '술은 마셨지만, 음주운전은 안했다'는 말과 크게 다르다고 보기 어렵다.

2019년 덩치 큰 예산안

2019년 예산은 약 471조 원에 달한다. 2017년에 계획했던 453조 원에 비교하면, 약 17조 원이 확대 편성된 모습이다. 2019년 만이 아니라,

2020년과 2021년의 예산안 계획치도 기존의 계획보다 훨씬 큰 규모로 지출하겠다는 의지를 엿볼 수 있다.

경제학에서는 이러한 계획을 '확장적 재정지출'이라고 한다. 확장적 재정지출은 나라가 경제적 위기 상황에서 벗어나기 위해, 경기를 부양시키기 위해 가하는 정책수단 중 하나다. 특히, 통화정책이 상대적으로 긴축적으로 운용될 수밖에 없는 여건(미국 기준금리 인상 등)하에서, 위기 국면에 처한 경제를 일으켜 세우고자 하는 강한 의지가 담겼다고 판단된다.

2019년 예산(안) 규모는 상당히 크게 증가했다. 실제로, 재정지출 규모의 증감률을 계산해 보면, 2019년에 9.7퍼센트로 2008년 금융위기 이후 최고 수준이다. 5개년 재정운용계획의 예산 연평균 증감률을 기준(7.3%)으로 보면, 대한민국 정부수립 이후 최고 수준에 달한다. 이렇게 경기부양을 위해 재정을 확장적으로 계획한 것을 보면, 위기 상황이 아니라고

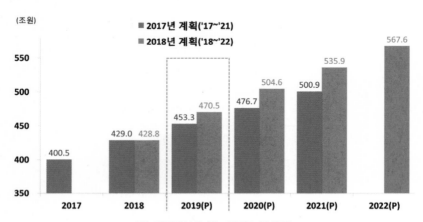

5개년 재정운용계획

자료 : 기획재정부 | 주 : (P)는 계획치(Plan)를 의미함

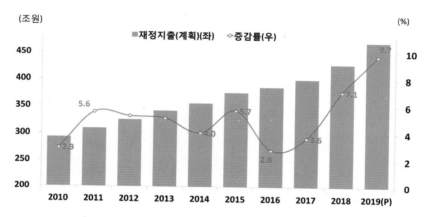

정부 예산안 규모 및 증감률 추이

(조원)

■재정지출(계획)(좌) ◇증감률(우)

(%)

자료: 기획재정부 | 주 : (P)는 계획치(Plan)를 의미함

할 수 없다.

빚져서 마련한 예산

예산안 규모를 크게 할 수 있었던 배경에는 '빚'이 있었다. 빵집을 운영해
가계살림을 하는 가정에 비유를 한다면, 빵집 매출액은 '세입'이요, 살림
살이를 위한 지출액은 '세출'이다. 2019년 살림살이, 즉 세출을 계획해
놓은 것이 2019년 예산안인 것이다. 여기서 중요한 것은 세입의 증가폭
보다 세출(예산안)의 증가폭이 크다는 점이다. 당연히 국가채무 문제가
제기될 수밖에 없다.

국가채무 및 GDP대비 비중 추이

자료 : 기획재정부 | 주 : (P)는 계획치(Plan)를 의미함

국가채무는 2010년 이후 지속적으로 늘어왔기 때문에, 규모 자체를 보고 과다한지 여부를 판단할 수 없다. 중요한 것은 그 나라의 경제규모가 증가하는 속도보다 나랏빚의 증가속도가 큰지를 따져 봐야 한다. 즉, GDP 대비 국가채무가 차지하는 비중을 보면, 2019년 39.4퍼센트에 달하고, 2020년에는 40퍼센트 수준을 초과하고 있다.

학생이 이미 빚에 의존해 등록금을 마련했다고 한다면, '더 이상 빚에 의존하기 어렵다는 점'이 더 큰 문제다. 등록금 문제가 아니라 더 큰 문제, 이를테면 사고나 질병에 당면할 때 추가적인 빚에 의존해 비용을 마련하기가 어려워지는 것이다. 즉, 국가 재정건전성 악화가 우려되는 상황이다. 조세부담률은 2018년 19.2퍼센트에서 2019년 20.3퍼센트로, 국민부담률은 26.6퍼센트에서 27.8퍼센트로 늘어날 전망이다. 조세부담이 커지면, 그만큼 소비와 투자가 위축되기 마련이다.

실속 있는 지출인가?

예산안의 규모도 중요하고, 국가 재정건전성도 중요하다. 한편, 어렵게 마련한 예산이 '잘 쓰여지는가'도 매우 중요하다. 빚을 져서 등록금을 마련하거나, 병원비를 지불한다면 수긍이 가지만, 누군가에게 선물하기 위해 사용한다면 비판을 받을 수 있는 것이다.

2019년 정부 예산안의 분야별 재원 배분 현황을 보면, 보건·복지·노동 분야가 압도적으로 크다. 또한, 증가폭도 크다. 물론, 플랫폼 경제 기반을 구축하거나 산업단지를 조성하는 등 산업 진흥을 위해 배분된 재원도 있다. 그러나 복지 분야가 압도적으로 많은 비중을 차지한다. 복지 분야가 총지출에서 차지하는 비중은 34.5퍼센트로, 역대 최대치를 경신했다.

2019년 정부 예산안의 분야별 재원 배분 (조원)

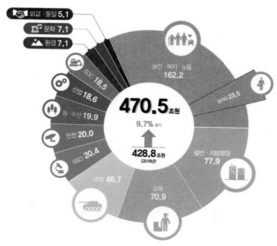

자료 : 기획재정부

일자리 예산도 사상 최대인 23조 5천억 원이 편성되었다. 노인일자리 61만 개, 여성 친화적 일자리 13만6천 개, 장애인 일자리 2만 개 등 취업 취약계층 등에게 일자리 90만 개 이상을 제공하는 게 목표다. 공공서비스가 확대되지 않는 상황하에서 공공일자리를 늘리는 일이 지속가능한 일인가? 빵집에 손님이 없는데, 채용을 늘릴 수는 없지 않은가?

무엇을 고려해야 하는가?

유연한 재정정책이 필요하다. 분배도 중요하고 성장도 중요하다. 어느 것 하나 중요치 않은 것이 없다. 그러나 경제의 흐름 속에 분배에 더 신경을 써야 할 때가 있고, 성장에 더 신경을 써야 할 때가 있다. 탄탄하게 성장할 때는 조금 더 나누는 일에 중점을 둘 수 있고, 경제가 위축되어 있을 때는 조금 더 성장에 중점을 두는 게 맞지 않는가? 떡의 양이 많을 때는 고루 나눌 수 있도록 신경을 쓰고, 떡의 양이 부족할 때는 떡의 양을 늘리는 데 신경을 쓰는 게 맞지 않는가?

기업과 가계는 정부의 예산안과 재정운용계획을 면밀히 살펴볼 필요가 있다. 세금을 냈다면, 세금이 어떻게 쓰이는지 확인해 보아야 한다. 특히, 기업들은 이번 예산안에 담긴 R&D 집중 분야, 산업단지 조성 지역, 플랫폼 구축 지원 등의 정책적 지원을 상세히 살피고 활용해야 한다. 가계는 인재양성과 일자리 창출 분야 그리고 유망 투자 분야 등을 고민할 때 정부 예산안을 고려할 필요가 있다.

CHAPTER 4
'1인 가구'가 주도하는 솔로 이코노미 시대
Economic Outlook for 2019

1인 식당, 1인 가구, 1인 주거공간과 같이 1인 가구 맞춤형 상품과 서비스가 부쩍 늘고 있는 모습이다. 마트에는 수박 반통짜리 상품이나 양배추 반포기 상품이 꽤 잘 팔리는 추세다. TV에서도 혼자 사는 연예인들의 삶을 보여주는 예능프로그램들이 생겨나 인기를 끌고 있다. 자취하는 대학생, 일을 찾아 독립한 사회초년생, 이혼 등으로 인한 싱글족 등 혼자 사는 사람들이 많다 보니 혼밥, 혼술, 혼행 등을 더 공감하고 즐기는 사람들이 늘어났다.

1인 가구 중심의 가구구조 변화

가구구조가 변화하고 있다. 국내 1인 가구는 1990년 101만 가구에서 2000년 226만 가구, 2015년 506만 가구로 급증했다. 2019년에는 572

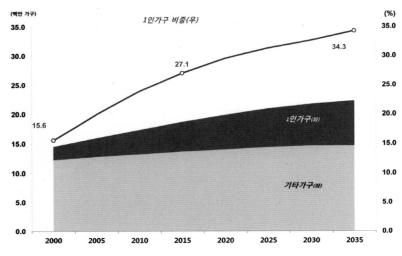

1인 가구 비중 추이

(백만 가구)

1인가구 비중(우)

(%)

35.0

34.3

35.0

30.0

27.1

30.0

25.0

25.0

20.0

1인가구(좌)

20.0

15.6

15.0

15.0

10.0

기타가구(좌)

10.0

5.0

5.0

0.0

0.0

2000　2005　2010　2015　2020　2025　2030　2035

자료 : 통계청 '장래가구추계' | 주 : 1인 가구 비중은 총가구 중에서의 비중

만 가구로 증가하고, 2035년에
는 763만 가구에 달할 것으로
전망된다. 1인 가구가 빠르게
증가하면서, 1인 가구 비중이
가파른 상승세를 지속하고 있
다. 전체 가구에서 1인 가구가
차지하는 비중은 1990년 9.0퍼
센트에서 2015년 26.5퍼센트

가구원수별 가구수 추이

(백만 가구, %)

	2000년	2015년	2035년	연평균 증감률
1인	2.3	5.1	7.6	3.5
2인	2.8	5.0	7.6	2.9
3인	3.0	4.0	4.3	1.0
4인	4.5	3.5	2.22	−2.0
5인	1.5	0.9	0.4	−3.5
6인 이상	0.5	0.3	0.1	−3.9
전체	14.5	18.7	22.3	1.2

자료 : 통계청 '장래가구 추계'
주 : 2000~2035년 동안의 연평균증감률임

로 급속히 확대됐다. 2019년에는 29.1퍼센트에 이를 전망이고, 2035년
에는 34.3퍼센트에 이를 것으로 예측되고 있다. 고령화, 저출산, 이혼 및

동거의 증가, 혼인 연령 상승 등은 향후 1인 가구의 확대 추세를 가속화시키는 데 주요 견인차 역할을 할 것으로 예상된다. 이러한 가운데 1인 가구와 함께 아예 결혼을 하지 않거나, 결혼을 한 부부라고 하더라도 자녀를 갖지 않는 부부(딩크족)가 늘면서 2인 가구도 빠르게 증가할 것으로 전망되고 있다.

솔로 이코노미 시대의 도래

1인 가구 증가는 단순 가구구조의 변화만을 의미하지 않는다. 주요 소비주체가 1인 가구로 전환되는 것으로, 주거시장과 각종 산업의 변화를 주도할 것으로 전망된다. 1인 가구가 경제에 미치는 영향력이 확대되면서 '솔로 이코노미(solo economy)'를 비롯한 각종 신조어가 생겨나고 있다. '솔로 이코노미'란, 1인 가구가 증가함에 따라 기업들이 1인 가구를 겨냥한 제품을 집중적으로 개발해 판매하는 현상을 뜻한다. 솔로 이코노미에 바탕을 둔 소형 주택시장 확산, 소포장 식료품 증가, 1~2인을 대상으로 한 서비스 증가, 작지만 실속을 갖춘 소형가전이 등장하는 등 다양한 현상이 관찰되고 있다.

1인 가구가 증가하면서 가장 빠르게 변화가 나타나는 업종은 단연 유통분야다. '싱글족'을 잡기 위해 유통업체는 소량으로 포장한 제품을 내놓기 바쁘다. 1인 가구는 대부분 바쁜 직장인이거나, 학업으로 바쁜 생활을 하면서 소량이면서 간편하고 실속 있는 제품에 의존하는 경우가 많기

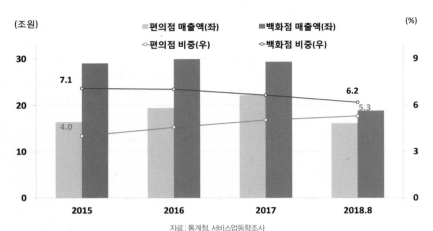

편의점과 백화점의 매출액 추이 비교

자료 : 통계청, 서비스업동향조사
주1 : 2018년은 1~8월까지의 매출액 누적치임 | 주2 : 편의점 비중과 백화점 비중은 전체 소매판매액 대비 비중임

때문이다. 이와 관련해 최근에는 '알봉족'이라는 신조어도 생겨났다. 알봉족은 과일을 세는 단위인 '알'과 가공식품을 담는 단위인 '봉'에서 유래한 말로, 낱개로 포장된 식료품을 애용하는 새로운 소비층을 의미한다.

1인 가구 증가에 따라 부상한 대표적인 산업이 편의점 업이다. 1인 가구 확대에 따라 가정간편식 및 편의점 도시락 등 편의점 식품에 대한 인기가 확대되면서 편의점은 다른 소매업태 보다 높은 성장세를 지속하고 있다. 편의점 업태는 오프라인 유통업체 중 온라인과의 직접적 경쟁이 제한적인 가운데 차별화 상품 확대 및 점포 효율성 개선으로 매출액 성장세가 지속 중이다. 더욱이, 편의점 업태는 근거리에서 소량의 상품을 판매하는 업의 특성상 타 유통업태와 달리 경기 및 소비심리 변화에 따른 변동폭이 적어 안정적 성장세 이어나갈 전망이다.

솔로 이코노미 시대의 기술과 제품

소량으로 포장한 제품은 더욱 다양해지고 있으며, 관련 제품 매출이 증가하고 있는 추세다. 대형마트는 1인 가구를 위해 요리별로 활용할 수 있는 주요 채소를 레시피에 맞게 잘라 담고, 미리 세척되어 곧바로 조리에 사용할 수 있도록 한 간편 채소를 비롯해 낱개로 포장된 과자 등 소포장 제품을 출시 중이다.

1인 가구 확대로 소포장 식품뿐만 아니라 편의성을 강조한 가정간편식(Home Meal Replacement: HMR) 시장도 덩달아 확대되고 있다. 가정간편식은 1차로 조리된 식품으로, 가열만 해서 간편하게 먹을 수 있다. HMR 시장은 2010년 7,700억 원 규모에서 2015년 1조5천억 원 규모로 급성장했다. 식품업체는 즉석밥 및 국류 등의 기존 즉석조리식품을 강화하는 한편 라면과 밥을 함께 묶은 '라밥' 등을 출시하며 제품 라인업을 다양화하는 데 나섰다. 유통업체는 자사 PB브랜드를 중심으로 HMR 시장을 공략 중이다. 롯데마트는 '요리하다', 이마트는 '피코크' 등으로 프리미엄 가정간편식을 내놓고 있다. 이마트의 경우, 2013년 340억 원 수준이던 피코크 가정간편식 매출이 2014년 560억 원, 2015년 830억 원까지 증가했다.

전자업계도 1인 가구를 겨냥해 이들 니즈에 맞춘 제품을 출시하고 있다. '원룸', '오피스텔' 등 1인 가구의 주거공간에 맞춘 소형화·슬림화를 추구하면서도 다양한 기능을 충족한 제품 시장을 공략하고 있다. 삼성전자가 2014년 출시한 '슬림스타일' 소형 냉장고부터 LG전자의 10kg 이하 '꼬망스' 미니세탁기, 쿠쿠전자의 3인용 미니밥솥 등 다양하다. 이러한 트렌드에 힘입어 대형가전 시장은 주춤하는 반면 소형가전 시장은 점차 확대되고 있다.

한편 온라인 모바일 업계는 '서브스크립션(subscription) 서비스'를 확대해나가고 있다. 생필품을 쇼핑하는 시간이 아깝다고 생각하는 사람들을 위한 맞춤 서비스를 의미하는 서브스크립션 서비스는 화장품, 기저귀, 생리대부터 남성의 경우, 와이셔츠, 넥타이, 양말까지 개인 선호에 맞춰 정기적으로 배송해주는 형태이다.

혼자 사는 1인 가구를 노린 범죄가 증가함에 따라 싱글족의 안전을 위한 상품도 등장했다. 보안업체 에스원은 1인 가구가 주로 거주하는 원룸, 오피스텔을 타깃으로 '세콤홈즈' 서비스를 론칭했다. 방범은 물론이고, 스마트폰으로 가스를 차단하거나 조명을 원격제어 할 수 있는 기능을 갖춰 싱글족을 공략했다.

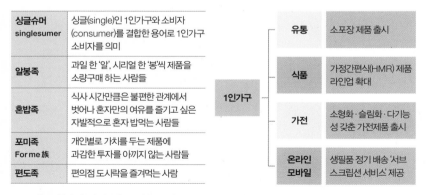

1인 가구 관련 신조어

싱글슈머 singlesumer	싱글(single)인 1인가구와 소비자(consumer)를 결합한 용어로 1인가구 소비자를 의미
알봉족	과일 한 '알', 시리얼 한 '봉'씩 제품을 소량구매 하는 사람들
혼밥족	식사 시간만큼은 불편한 관계에서 벗어나 혼자만의 여유를 즐기고 싶은 자발적으로 혼자 밥먹는 사람들
포미족 For me 族	개인별로 가치를 두는 제품에 과감한 투자를 아끼지 않는 사람들
편도족	편의점 도시락을 즐겨먹는 사람

1인 가구에 따른 업종별 변화

1인가구	업종	변화
	유통	소포장 제품 출시
	식품	가정간편식(HMR) 제품 라인업 확대
	가전	소형화·슬림화·다기능성 갖춘 가전제품 출시
	온라인 모바일	생필품 정기 배송 '서브스크립션 서비스' 제공

자료 : 김광석, 김수경, 박경진(2016.5), "소비패턴의 11가지 구조적 변화" 삼정KPMG 경제연구원, 삼정Insight, 통권 43호.

개인 지향적 특허의 증가

1인 가구의 소비패턴과 라이프 스타일 등의 특징에 따라 '개인 지향적 기술'이 발전하고 있다. 인공지능 기술을 포함한 자율주행차, 소형가구, 소형가전, 콤팩트한 주거공간이 대표적인 '개인 지향적 기술'이다. 이에 따라 '개인 지향적 특허'가 급증하고 있다.

먼저, 자율주행은 차량의 개념을 단순한 이동 도구에서 생활·사무 공간 등의 전혀 새로운 공간으로 바꿔 놓을 것이라는 점에서 1인 가구의 라이프 스타일과 맞아떨어진다. 국내 자율주행 관련 기술은 2001년 23건의 특허출원이 공개된 이후 2015년에 208건에 이르렀으며, 2007년부터 2015년까지 연평균 21.8퍼센트로 가파르게 증가하고 있다. 출원되는 주요 기술 분야는 센서·지도 기술(43.1%), 주행경로 제어 기술(29.6%), 인터페이스·단말 기술(11.2%), 통신·네트워크·보안 기술(10.6%), 조향·액추에이터 기술(5.5%) 등이다.

가구 전문 기업들은 오피스텔이나 원룸 등 작은 평수에 거주하는 1인 가구를 위한 실속형 제품을 꾸준히 출시하고 있다. 1인 가구는 좁은 공간을 효율적으로 활용하는 것이 중요하기 때문에 두 가지 이상의 기능을 갖춘 제품을 선호한다. 특히, 1인 가구 맞춤형 기능성 침대 출시에 상당한 관심이 모아지고 있다. 기능성 침대란 침대를 구성하는 매트리스와 프레임에 여러 가지 소재와 기능을 부가하여 사용감과 편이성이 개선된 침대를 말한다. 침대 아랫부분을 수납공간으로 활용한 수납형 침대, 옷장 중간에 화장대 기능을 추가한 화장대 수납장, 접으면 의자로 펼치면 침대로 활용할 수 있는 소파 베드는 특히 1인 가구에 인기가 많다.

한편, 간편하게 사용하고 다양한 기능이 탑재된 스마트 가전제품이나 1인 가구에 특화된 소형제품에 대한 선호도가 높아 관련 시장이 확대되고 있다. 소형가전 분야의 세계적 명품기업인 드롱기(De'Longhi)사는 소형화된 접이식 2단 다용도 조리기구, 공간을 선택적으로 제한하여 에어컨디셔닝(air-conditioning)할 수 있는 에어컨 장치등 1인 가구에 특화된 소형가전의 특허 출원이 확대되고 있다. 그밖에도 커피메이커, 조리가전 등 소형가전 분야에 집중하고, 핵심기술은 적극 권리화하고 있다.

솔로 이코노미 시대의 도래와 대응

1인 가구 중심으로의 가구구조 변화는 기업들에게 상당한 시사점을 제공한다. 먼저 1인 가구 맞춤형 상품과 서비스의 개발 보급을 통해 가구구조 변화에 부합하는 소비환경을 마련해야 한다. 주요 소비주체가 다양한 그룹으로 분산되어 나타나는 만큼, 기업들은 이들의 구매욕을 자극할 수 있는 맞춤형 상품 개발에 앞장서야 할 시점이다. 기업들은 늘어나는 1인 가구 수요에 따라 소량 상품, 소형가전, 소형가구, 1인 전문 인테리어 등의 제품들을 적극적으로 개발할 필요가 있다. 최근 급부상하는 수출품목인 소형밥솥, 1인 가구 맞춤형 전자레인지를 주목해야 한다. 가정간편식 수요가 엄청나게 증가하는 것도 눈여겨보면서 변화의 흐름을 미리 파악해야 한다.

기업은 타깃에 따라 다르게 나타나는 소비시장의 자체적인 특성을 이해하고 접근해야 한다. 1인 가구는 2~3인 가구와 소비패턴이 다를 수밖에 없다. 모든 것을 '혼자서 소비'하기 때문에 작은 소량·소형 제품을 구매한다. 이러한 이유로 다수의 기업들이 솔로 이코노미 시대의 부상과 함께 '사이즈'를 줄인 제품에 초점을 두고 있다. 그러나 1인 가구가 다 같은 성격의 1인 가구가 아니라는 점을 기업들은 인지해야 할 것이다. 가령, 취업준비생, 독거 노인, 독신 생활을 즐기며 자신에게 투자를 아끼지 않는 럭셔리 싱글족 등 1인 가구 사이에서도 각기 다른 계층이 존재하는 만큼 소비의 양극화가 나타난다는 사실을 이해하고, 타깃별 소비패턴에 따른 제품 개발에 힘써야 할 것이다.

한편, 1인 가구 맞춤형 서비스를 제공하는 것도 매우 중요하다. 재무설계 관리, 건강관리, 생활도우미 지원 등의 1인 가구 맞춤형 서비스를 개발하고, 외식업계도 배달서비스나 1인용 전용좌석 등 1인 가구에 맞는 소비환경을 마련할 필요가 있다. 이미 총각네 반찬가게, 심부름 서비스 등 1인 가구에 맞춤화된 서비스업이 크게 부상하는 모습이다.

마지막으로, 지적재산권을 기반으로 한 경영전략이 필요하다. 최근 세계 소형가전 시장의 경쟁과열로 기업 간 특허분쟁이 급증하고 있다. 1인 가구의 증가를 통해 새로운 소비시장이 형성되고, 기업들은 이러한 소비시장을 공략할 다양한 디자인 제품을 출시하며, 새로운 사업기회를 포착하기 위해 힘쓰고 있지만, 이와 더불어 언제 발생할지 모를 디자인 분쟁에도 대비하고 있어야 한다. 기업들은 출원을 고려 중인 디자인에 대하여 선행조사를 수행한 후 유사범위의 폭을 판단하고, 판단결과 유사범위의 폭이 비교적 좁게 판단될 위험요소가 있다면 관련 디자인 제도와 부분 디자인 제도를 활용한 출원전략을 세워야 한다. 보다 넓은 범위에서 디자인이 보호되어 분쟁이 발생하지 않도록 디자인출원에 있어서의 전략적 자세가 요구된다.

CHAPTER 5
부동산 시장 과연 잡힐 것인가?

Economic Outlook for 2019

2019년 부동산 시장의 최대 이슈는 '부동산 시장 잡힐 것인가?'다. 서민이나 중산층뿐만 아니라, 웬만한 '부잣집' 가구라도 부동산 시장의 변화는 매우 중대하게 작용한다. 부동산이 거의 전 재산이라고 할 수 있다. 대부분 대출에 의존해 주택을 마련하니, 전 재산 이상인의 의미를 지닌다고 해도 과언이 아니다. 부동산과 관련된 선택은 가계의 존립을 좌우할만한 중대한 의사 결정이니만큼, 객관적으로 2019년 부동산 시장이 어떻게 전개될 것인지를 진단해 볼 필요가 있겠다.

2018년 하반기 부동산 시장 동향

국민은행 주간 KB주택가격동향 통계를 분석한 결과, 2017년 이후로 전국 아파트 매매가격은 단 한 번도 떨어진 적이 없다. 심지어, 2014년 이래로

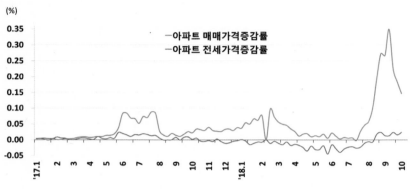

자료:국민은행, 주간 KB주택가격동향 | 주 : 전주대비 증감률 기준임

떨어진 적이 없다. 아파트 매매가격증감률이 0퍼센트 밑으로 떨어진 적이 없기 때문이다. 2018년 9월 둘째 주에는 첫째 주보다 0.35퍼센트까지 상승하기도 했다. 2018년 9월 '9·13 부동산정책'과 '9·21 공급대책'이후에도 상승세가 둔화되기는 했지만, 10월 둘째 주까지 상승하고 있다.

전세가격은 2018년 한 해 조정되어 왔다. 2018년 1월부터 8월까지 전주대비 아파트 전세가격증감률이 줄곧 마이너스를 기록했다. 2018년 8월부터 상승세로 전환되어, 그 흐름을 유지하고 있는 모습이다.

역전세난 우려 고조

2018년 하반기 부동산 시장에 두드러지게 나타난 현상은 '역전세난 우려'다. 정부는 2017년부터 부동산 시장 안정화라는 정책기조를 유지해 오고 있다. 2015년부터 2017년까지 전세 공급 부족 현상이 가속화된 반면 아파트 분양물량은 초과 공급되면서 많은 가계들이 전세에서 '내 집 마련'으로의 움직임을 보였다. 이런 현상에 따라 일부 지역에서는 세입자를 구하지 못한 집주인이 늘어났고 전세가격이 하락했다.

　최근 수도권을 중심으로, 아파트 전세·매매 비율이 하락하고 있다. 이 지표가 하락하는 이유는 전세가격의 상승세 보다, 아파트 매매가격이 더 빠른 속도로 상승하기 때문이다. 한편 기타 지방의 경우 매매가격이 조정이 될 때 전세가격도 같이 조정된다. 때문에 이 지표가 여전히 상승하고 있는 것이다. 실제, 전세·매매 비율이 최고점을 기록했던 2017년 3월을 전후로 전세거주자들이 '내 집 마련'으로 이동한 것으로 판단된다. 집값과 전셋값이 얼마 차이 나지 않았을 시점에 일어난 일들이다. 실제 몇몇 지역을 중심으로 전세가격이 하락하는 현상도 나타났다. 이런 과정에서

평균 아파트 전세·매매 비율 추이

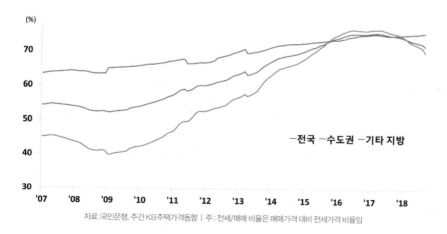

자료 : 국민은행, 주간 KB주택가격동향 ｜ 주 : 전세/매매 비율은 매매가격 대비 전세가격 비율임

전세난이 해소되고, 역전세난 우려가 커지게 된 것이다.

2016년 이후로 전세수급지수가 하락세를 지속하고 있는 것을 보면, 전세 공급 부족 현상이 완화되고 있음을 확인할 수 있지만 아직 단정하긴 이르다. 전세 공급 부족 현상이 완화되었다는 것일 뿐, 그 현상은 여전한 것으로 해석할 수 있다. 전세수급지수가 기준선 100을 여전히 상회하고 있기 때문이다. 또한 2018년 6월 이후 반등해 상승하는 그래프를 볼 때, 역전세난 우려는 다소 주춤한 모습이다.

2019년의 상황을 예측해보면 전세수급지수가 100을 밑돌며 전세 수요 부족으로 전환될 가능성이 있다. 특히 지방을 중심으로 전세 수요 부족현상이 가속화되면서 부동산 매매가격의 하락에 영향을 줄 가능성이 점차 높아지고 있다.

전세수급지수 추이

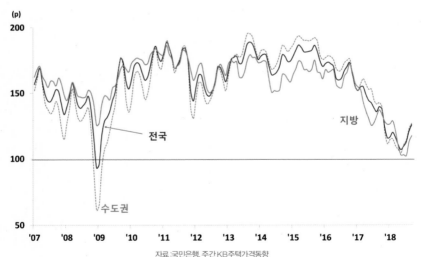

자료 : 국민은행, 주간 KB주택가격동향
주1 : 전세수급지수=100+공급부족−공급충분 | 주2 : 0~200 이내의 값을 가지며, 100을 상회하면 '공급부족 현상'을 나타냄

주택 수요와 공급

아파트 매매가격을 진단하기 위해서는 수요, 공급, 정책적 요인을 고루 분석해야 한다. 각각을 분석하기 위한 지표는 책 한 권을 다시 써야 할 만큼 매우 많다. 수요측면에서는 가구 추계, 주택 구매 여력, 주택 구매 의사, 가계의 주택가격 전망 등을 고루 분석해야 한다. 공급측면에서는 주택건설 인허가 실적, 주택착공 및 분양승인 실적, 주택 준공 실적 등을 분석해야 한다. 부동산 정책과 가계부채 대책을 포함한 정책적 요인들이 어떻게 수요와 공급에 영향을 미칠지도 분석해야 한다. 이 모든 복잡한 과정을 생략하고, 간략히 수요와 공급을 확인하는 방법은 '미분양주택' 추이를 지켜보는 것이다. 미분양주택 추이는 수요와 공급의 결과를 가장 잘 보여주는 지표이기 때문이다.

지역별 미분양주택 추이를 살펴보면, 공급이 수요에 비해 많은 것을 확인할 수 있다. 미분양주택이 2008년 12월 16.6만 호에서 2015년 8월

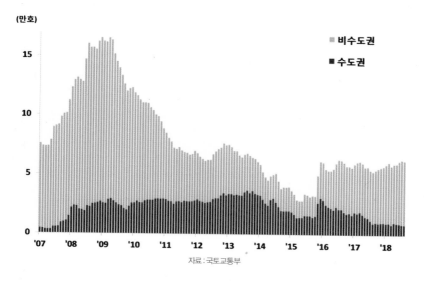

지역별 미분양주택 추이

자료 : 국토교통부

3.2만 호로 크게 감소되었으나, 이후 크게 증가하여 2015년 12월에는 6.2만 호를 기록했으며 2016년 이후에는 그 수준을 유지하고 있다. 주목할 점은 수도권은 미분양주택이 효과적으로 해소된 반면, 비수도권의 미분양 주택은 크게 증가했다는 것이다. 2016년부터 수도권 아파트 매매가격이 크게 상승한 반면, 비수도권은 하락해 온 현상을 미분양주택 추이를 통해 확인할 수 있는 것이다.

2019년 아파트 매매가격 전망

2017년 정부는 '8.2 부동산 대책'을 통해, 부동산 정책기조를 뚜렷하게 제시했다. 투기지역을 지정하고, 실거주자 중심으로 분양을 유도하며, 대출규제를 강화하는 등의 정책을 제시했다. 실거주 목적이 아닌 투자 수요를 억제하여 부동산 매매가격을 안정화시키고자 하는 정부의 방향성이 뚜렷하게 나타난다.

이런 노력에도 서울 강남권을 중심의 수도권 부동산 매매가격이 안정되지 않자, 최근에는 초과이익환수제와 같은 새로운 재건축 규제 등을 도입했다. 2017년 10월 '가계부채 종합대책'을 발표해 대출규제를 강화하기도 했다. 주요 정책에 신DTI(Debt To Income, 총부채상환비율)를 도입하고, 금융권 여신관리 지표로 DSR(Debt Service Ratio, 채무상환비율)을 단계적으로 도입하는 등의 움직임도 모두 같은 의도로 파악된다. 즉, 과도한 대출에 의존해 주택을 매수하려는 투자 수요의 억제를 노린 것이다.

정부는 2017년 11월에 들어서 '주거복지 로드맵'을 발표했다. 무주택 서민·실수요자들의 내 집 마련은 여전히 쉽지 않고, 공적 규제가 없는 사적 전월세 주택에 거주하는 비율이 높아 주거안정성이 취약하다고 판단한 것이다. 청년·신혼·고령층 등의 수요자를 위한 맞춤형 임대주택을 늘리겠다는 것이 주거복지 로드맵의 주요 골자다. 결과적으로 주택 매매가격을 안정화시키고, 취약계층에게 안정적인 주택공급을 확대해 임대사업 수요를 낮추고자 하는 것이다.

2018년 9월에는 강도 높은 9·13부동산정책과 9·13공급대책 등을 잇달아 발표했다. 투기수요를 억제하고, 신혼부부 등 서민을 위한 주택공급을 늘리기 위한 정책들을 마련한 것이다. 결과적으로 수요를 줄이고, 공급을 늘려 주택 매매가격을 조정하고자 하는 목적을 가지고 있다. 이후에도 추가적으로 부동산 정책 후속조치가 발표될 예정이다. 예를 들어 보유세 도입, 분양가 상한제 등 강도 높은 부동산 규제책이 마련될 것으로 전망된다.

그럼에도 불구하고, 평균적인 아파트 매매가격은 아직 완만하게 지속 상승하고 있으며, 지방의 아파트 매매가격지수는 2017년 하반기부터 하락세를 보이고 있다. 주로, 산업 구조조정이 활발히 일어나는 지역들을 중심으로 부동산 매매가격이 조정된 것이다.

한편, 서울 및 수도권 매매가격은 송파와 강남을 비롯한 강남4구를 중심으로 상승세를 지속하고 있다. 강남 주요지역의 매매가격이 하락세로 전환된 것에 대한 보도들이 많이 나오고 있지만, 사실 가격이 하락한 것이 아니라 매매가격 상승률이 둔화된 것으로, 관련 정보에 대해 더욱 주

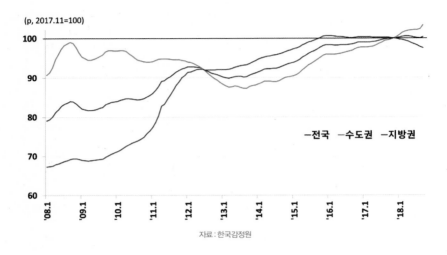

아파트 매매가격지수 추이

(p, 2017.11=100)

—전국 —수도권 —지방권

자료 : 한국감정원

의를 기울일 필요가 있다.

2019년에는 시장금리가 상승하고, 가계의 부동산 매수 심리가 크게 위축되면서, 재건축 등의 특수가 없는 지방권을 중심으로 매매가격이 조정될 가능성이 높다. 특히, 수요가 뒷받침되지 못하는 지역에는 전세가격이 먼저 조정됨에 따라, 흔히 말하는 '갭투자자들'의 매도세가 증폭되어 가격조정으로 이어질 것으로 보인다. 다만 수요가 충분히 뒷받침되는 서울과 몇몇 수도권을 중심으로는 가격의 조정보다는 '거래둔화'로 이어질 가능성이 높은 상황이다. '빵이 안 팔리면 싸게라도 내놓아야 하겠지만, 집은 굳이 안 팔아도 된다'는 심리가 지배적일 것이다. 특히, 새로운 교통이 들어서거나 지역 인프라가 확충되는 서울 및 수도권을 중심으로는 가격상승세가 이어질 전망이다. 결론적으로, '2019년 부동산 시장은 여전히 반만 잡히는 현상'이 나타날 것으로 보인다.

부동산 시장 전환기의 대응 전략

이제 부동산 시장은 전환기를 맞이했다. 이러한 전환의 시점에는 가계 혹은 기업 모두 상당한 주의를 기울여야 한다. 건설사들은 아파트 공급 이외 다각화 방안을 모색해야 한다. 부동산 플랫폼 확보를 통한 부동산 중개 및 금융 서비스나 기업형 임대사업 등 다양한 영역에 관심을 가져도 좋을 시점이다. 부상하고 있는 스마트 홈 산업에 진출하거나 인테리어 리모델링 시장을 선점하는 등 검토해봄직한 영역이 다양하다.

한편, 부동산 시장 전환기에는 부동산 투자 시 유의해야 할 점들이 많다. 첫 번째로 금리가 상승하고, 대출규제가 까다롭기 때문에 지금과 같은 시점에는 부채 의존형 투자보다는 자기자본에 대한 의존도를 높여 중장기적 시각을 두고 투자의사 결정을 해야 한다. 두 번째는, 수도권과 비수도권의 부동산 시장 양극화 현상과 같은 기존과 다른 특징들에 관심을 가져야 한다. 국내 부동산 시장 동향 등과 같은 매크로(macro)한 접근보다는 지역적 특성을 꼼꼼하게 살피는 마이크로(micro)한 접근법이 요구된다.

주택구입 실수요자들의 경우 정책지원을 적극 활용할 수 있다. 실수요자 중심의 신규주택 분양 및 취약계층 공공주택이나 실수요자들을 대상으로 장기저리의 금융지원 등의 기회가 있으니 이를 활용하기 위해, 다양한 부동산 후속대책들을 적극적으로 모니터링 해야 한다.

CHAPTER 6

'저녁 있는 삶'의 본격화, '돈 없는 저녁'이 불러온 한숨

Economic Outlook for 2019

2019년에는 '주 52시간 근무제'에 관한 논의가 다시 한번 뜨거워질 전망이다. 본 제도는 2018년 7월 1일에 첫 도입되었으나, 단계적 시행을 위해 2019년 1월 1일로 강제적 시행 시기가 미뤄졌었다. 2018년 현재 300명 이상 기업과 공공기관에 한해서 실제 적용을 시작했으며, 2020년이 되면 50명 이상 300명 미만 사업장에서도 주 52시간 근무제를 의무 도입해야 한다. 이로 인해 2019년에는 해당 규모의 기업들의 준비가 분주할 전망이며, 근로자들 역시 혼란의 상황에 직면하게 될 전망이다.

　기업의 의사 결정자들도 당장 걱정이 앞서지만, 근로자들도 고민스럽기는 마찬가지다. 흔히 '꼰대'라고 불리는 사람들은 이런 제도가 도입되더라도 어떻게 교묘히 제도를 피해갈까를 고민하고 있는 한편, 의식 있는 CEO들은 선진화된 근로환경을 도입하고자 창의적 고심이 커지고 있다. 당장 생산성이나 매출액 감소로 연결될 것을 걱정하는 기업들의 조바심도 이해가지만, 근로시간 감소가 곧바로 임금 감소로 연결될 근로자들의 한숨은 멀리서도 크게 들려온다.

주 52시간 근무제란?

고용노동부는 근로기준법 개정을 통해, ①노동시간 단축, ②특례업종 축소, ③공휴일 민간적용을 이행할 것을 발표했다. 특히, 노동시간 단축을 위해 주 52시간 근무제를 도입하는 것에 국가적 관심이 모아지고 있다. 현행의 근로기준법에 따른 근로자들의 총 근로시간은 주당 68시간 이다. 종전의 주 40시간 근로 기준에는 토요일과 일요일이 포함되지 않았으나, 개정안에는 포함시키면서 16시간이 줄어든 것이다.

주 52시간 근무제 도입에 따른 근로여건 변화

	주당 근로시간		연장근로시간	총 근로시간
현행	월화수목금	토일	12시간	68시간
	40시간	16시간		
개정안	월화수목금토일		12시간	52시간
	40시간			

자료 : 고용노동부

주 52시간 근무제는 2018년 7월 1일부터 적용되었다. 그러나 모든 조직에 일괄적으로 적용하는 것이 아니다. 300명 이상 기업과 공공기관이 우선 적용하고, 중소·중견 기업들은 시차를 두고 적용하게 될 것이다. 과거 정년 연장법이나 주 5일 근무제의 적용도 대기업과 공공기관이 우선

적으로 적용한 바 있다. 기업에게 과중한 부담을 주지 않기 위해, 중소기업들이 환경변화에 대응할 수 있도록 시간적인 여유를 주는 것으로 해석된다.

주 52시간 근무제 도입 시기

상시 근로자	적용 시기
300명 이상 기업 & 공공기관	2018년 07월 01일
50명 이상 ~ 299명	2020년 01월 01일
5명 이상 ~ 49명	2021년 07월 01일
5명 미만	적용 없음

자료 : 고용노동부

노동시간을 단축하는 궁극적인 목적은 국민들의 삶의 질 향상이다. 널리 알려진 대로 '워라밸(work-life-balance)'이 있는 삶을 뜻하며 즉, 일과 삶의 균형이 전제될 때 국민들의 삶의 질이 향상된다고 보는 것이다. 본 저자가 게재한[3] 「김광석(2014), "무엇이 삶의 질을 결정하는가?"」에 따르면, 일과 삶의 균형은 삶의 질에 직접적인 영향을 미치는 중요한 변수다.

'워라밸', 어느 수준인가?

한국은 장시간근로자가 절대적으로 많다. 여기서 장시간근로자란, 일주

---

3 OECD 'Better Life Index'를 활용한 구조방정식 모형 추정 및 국제비교, 보건복지포럼 214권

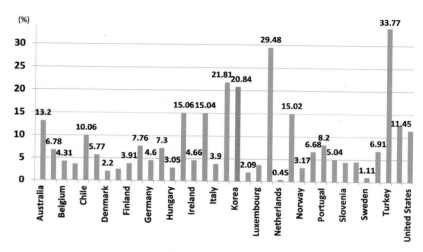

OECD 국가별 장시간근로자 비중 현황

(%)

33.77
29.48
21.81 20.84
15.06 15.04 15.02
13.2
11.45
10.06
8.2
7.76 7.3 6.68 6.91
6.78 5.77 4.6 4.66 5.04
4.31 3.91 3.05 3.9 3.17
2.2 2.09 0.45 1.11

Australia Belgium Chile Denmark Finland Germany Hungary Ireland Italy Korea Luxembourg Netherlands Norway Portugal Slovenia Sweden Turkey United States

자료 : OECD, Better Life Index(2017)
주1 : OECD 평균은 12.62퍼센트임
주2 : 이 지표는 주당 정규 근무시간이 50시간 이상인 종속 고용의 비율을 측정한 것

일에 50시간 이상을 근로하는 임금근로자를 가리킨다. 한국의 장시간근로자 비중은 20.84퍼센트로, OECD 회원국들 중 네 번째로 높다. 한국보다 장시간근로자 비중이 높은 나라는 터키(33.77%), 멕시코(29.48%), 일본(21.81%), 딱 세 개 나라에 불과하다. OECD 회원국들의 평균적인 장시간근로자 비중이 12.62퍼센트에 불과하다는 것은, 한국의 노동시장이 구조적으로 변화해야 함을 단적으로 보여준다.

OECD는 삶의 질 지표(Better Life Index)를 매년 구축하고 있고, 그 지표 안에서 '워라밸(work-life-balance)'을 중요한 변수로 분석하고 있다. 쉽게 말해, 어느 나라 국민이 더 나은 삶을 살고 있는가를 분석하고 있다는 뜻이다. 특히, '워라밸'를 측정하기 위해 '장시간근로자 비중'뿐만 아니라, '여가 등 개인적으로 보내는 시간'을 측정하여 판단 기준으로 삼고 있다. 한국은 두 번째 기준인 '여가 등 개인적으로 보내는 시간' 측면에서도 OECD 평균에 못 미치는 상황이다.

한국의 근로자들이 일에 치우쳐진 불균형적인 삶을 살고 있다는 사실은 근로시간 통계에 근거한다. 일반적인 한국의 근로자는 연평균 2,024시간을 일한다. OECD 회원국들의 연평균 근로시간은 1,759시간으로, 한국은 같은 회원국들에 비해 평균적으로 약 265시간을 더 일하고 있다. 연평균 근로시간이 한국보다 더 긴 나라는 멕시코(2,257시간)뿐이다. 하지만 멕시코는 OECD 회원국이지만 흔히 개발도상국으로 분리되는 실정이기 때문에 한국은 OECD 회원국 안에서도 이해하기 힘들 정도로 특별히 더 오래 일하는 나라인 것이다.

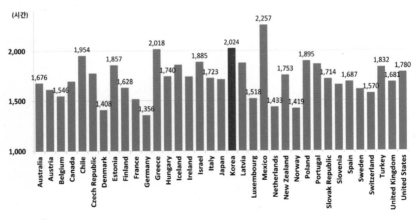

OECD 국가별 연평균 근로시간 현황

자료 : OECD Stat(2017)
주1 : OECD 평균은 1,759시간임 | 주2 : 벨기에는 2016년, 터키는 2013년 기준임

주 52시간 근무제 도입의 득과 실

한국인의 근로시간은 OECD 회원국 중 2위를 차지할 만큼 길다. 일과 삶의 균형이 맞지 않는 근로환경에 놓여있는 것이다. 정부는 궁극적으로 국민 행복을 증진시켜야 하는 의무가 있으며, 근로시간 단축에 대한 새로운 제도 도입의 근거는 충분하다. 근로자들의 일과 삶의 균형은 근로기준법 개정의 목적이기도 하다. 하지만 새로운 제도를 받아들이기까지는 점진적 접근이 필요하다. 제도가 가진 장단점을 파악하고 보완할 시간이 필요한 것이다.

2018년 새로 도입된 주 52시간 근무제 역시 장단점이 있다. 가장 큰 장점은 근로자에게 '저녁이 있는 삶'을 제공한다는 것이다. 두 번째는 일자리 나누기(jop sharing)를 통한 고용창출효과다. 일자리 나누기란 노동시간을 줄임으로써 그에 상응하는 임금을 낮추고, 이렇게 절약한 임금과 시간으로 노동자를 추가로 고용하는 정책 또는 회사의 경영방침을 가리킨다. 세 번째 장점은 소비 증진 효과다. 특히, 쓸 돈은 있지만 돈 쓸 시간이 없는 근로자들이 여가, 여행, 운동 등을 즐기면서 소비가 확대될 수 있다. 넷째, 새로운 제도에 맞춰진 산업이 부상할 수 있다. 여가 산업, 관광 산업, 취미 및 교육산업 등을 중심으로 소비가 확대됨에 따라 산업이 부상할 여지가 생길 수 있다. 뿐만 아니라, 기업들이 유연근로시스템을 구축하기 위해 ERP, 스마트 팩토리, 키오스크 도입을 더욱 가속화할 수 있다는 점에서 신산업에 대한 기대가 커진다. 다섯째, 제도적 변화가 선진화된 기업문화를 유도할 수 있다. 법이 없을 때는 노동을 강제하거나 권유

할 수 있으나, 법이 있을 때는 그렇게 할 수 없기 때문이다.

이처럼 기대되는 바가 많지만 풀어야 할 숙제도 있다. 가장 중요한 숙제는 '돈 없는 삶'을 영위하게 될 근로자들에 대한 대응이 필요하다는 것이다. 실질적 근로시간이 축소되어도 임금상의 변화가 없는 근로자들에게는 기회가 될 수 있지만, 임금의 현격한 변화가 있는 근로자들에게는 심각한 문제로 받아들여질 수 있다. 임시·일용 근로자들의 경우, 근로시간을 보장받고 싶어 하지만 이렇듯 근로시간이 축소되면 '봉급'이 줄어들 수 있다. 소위 '돈 없는 저녁'이 무슨 의미냐는 것이다. 둘째로, 모든 산업과 직종에 일괄적으로 적용할 수 있는가에 관한 문제가 있다. 동일한 산업 내에도 근로시간 단축과 일자리 나누기가 용이한 직종이 있지만, 그렇지 않은 직종도 있을 것이다. 의료산업에도 행정실 직원과 응급실 의사에게 동등하게 새로운 제도를 적용할 수 있을까? 사회적으로 중대한 일이 발생했는데 언론사 기자가 근로시간을 준수하면서 취재하지 않을 수 있을까? 즉 '시간'을 기준으로 일하는 직종이 있지만, '과업'을 중심으로 일하는 직종이 있는 것이다. 셋째, 기업들의 생산성 저하에 따라 중장기적으로 대외 경쟁력이 약화될 수 있다. 기업들의 경쟁력 약화는 오히려 더욱 가혹한 일자리 위축으로 이어질 수 있는 것이다. 넷째, 단기적으로 먼저 제도를 도입하는 대기업에 반해 중소기업 근로자의 상실감 및 상대적 근로조건 악화 문제도 있다. 다섯째로, 변화과정에서 나타나는 조직 내 부작용도 풀어야할 숙제가 될 것이다. '공식적으로 일하는 시간'은 지키고, 회사 대신 카페에서 일하는 근로자들이 생긴다거나, '공식적으로 일하는 시간' 안에 휴식을 취하거나 컴퓨터를 사용하지 않는 시간을 제외하는 등의 '꼼수'도 이미 나타나고 있다.

기업의 대응

경영환경의 변화는 곧 기업경영의 변화를 의미한다. 제도의 도입보다 우선되어야 할 것은 문화의 정착이다. 근로조건을 준수하고, 제도 변화를 존중하는 기업 내 의사 결정자의 태도가 필요하다. 발등에 떨어진 불을 보면서 걱정을 하는 것이 아니라, 이미 떨어진 불에 어떻게 대응해야 할지를 고민해야 하는 것이다. 둘째, 유연근로제가 확충되어야 한다. 유연근로제 없는 주 52시간 근무제는 상상해서도 안 된다. 산업에 맞게, 직종에 맞게 적절한 유연근로제도를 도입하기 위해 고민해야 하는 것이다. 마지막으로 유연근로가 가능하도록 하는 시스템을 도입해야 한다. 예를 들어, 종이문서를 바탕으로 한 대면 결제방식이 아니라, ERP에 기반한 비대면 결제방식 시스템을 도입해야 하는 것이다. 중소기업들의 경우 ERP 도입 비중이 매우 미비한 상황인데, 중장기적인 안목을 가지고, 적극적인 대응이 필요한 것이다.

정책적 과제

필요한 제도는 도입되어야 한다. 도입해야 할지 말아야 할지를 가지고 갈

등을 빚거나 지체할 필요가 없다. 주 52시간 근무제는 우리 사회에 꼭 도입되어야 할 제도다. 다만, 이러한 제도변화와 함께 나타날 '실'이 무엇인지를 명확히 진단하고, 그 '실'을 줄이기 위해 보완책을 마련해야 한다. 특히, 다양한 산업과 직업의 눈높이에서 현장에서의 목소리에 귀를 기울여 예외 산업 및 직업에 대한 철저한 분석이 필요하다. 근로기준법 개정을 통해 주 52시간 근무제 예외 업종의 수를 크게 축소했지만, 업종과 함께 직종에 관한 논의도 요구된다. 또한, '돈 없는 삶'을 야기하는 경로를 차단하여, 저소득층의 소득이 더 축소되는 결과를 초래하지 않도록 정밀한 정책들도 동시에 검토되어야 한다. 열악한 여건하의 중소기업들이 유연근로제 실현을 위한 시스템 도입을 위해 한국전자문서산업협회 등으로부터 지원을 받을 수 있도록 정책적 지원을 마련하는 것도 도움이 되겠다.

CHAPTER 7

왜 나의 삶만 팍팍하나, 체감과 다른 물가

Economic Outlook for 2019

주변에서 '어렵다'는 말이 자주 들려온다. 식당을 운영하는 사장님들도, 취업을 준비하는 청년들도, 살림살이를 책임지는 주부들도. "요즘 어떠신가요?"라는 질문에 대상은 다르지만, 대답은 다르지 않다.

약 2.8퍼센트 수준을 이어오고 있는 경제성장률과는 다르게, 나의 삶은 더욱 팍팍해지기만 한다. 그 배경에는 여러 가지가 있을 수 있다. 서울과 지방의 집값 상승세가 다르다. 고소득층과 저소득층의 소득 증가속도가 다르다. 기업의 생산 증가속도와 가계의 소득 증가속도가 다르다. 종합주가지수와 내가 보유한 주식종목의 가격 움직임이 다르다. 이렇게 다양한 것들이 달리 움직이기 때문에 유독 나의 삶이 더욱 팍팍하게 느껴질 수 있다.

실제 물가 수준은 왜 체감과 다른가?

"물가상승률이 몇 퍼센트일까요?"라는 질문에, 많은 사람들이 "20퍼센트?", "30퍼센트?", "40퍼센트?"라고 자신 없는 목소리로 대답하곤 한다. 많은 사람들이 체감하는 실제 물가수준이 그런 것이다. 하지만 실제 소비자물가상승률은 2퍼센트를 넘지 못하고 있다. 2018년 1월 1.0퍼센트에서 시작하여 8월 1.4퍼센트, 9월 1.9퍼센트에 그치고 있다. 한국은행은 2018년 소비자물가상승률이 1.6퍼센트를 기록할 것으로 전망하고 있다. 심지어, 한국은행의 물가상승률 목표치가 2.0퍼센트로, 소비자물가상승률은 지속적으로 목표치를 하회하고 있다.

매일 가족들의 식사 준비 등으로 분주한 주부들은 '저물가 현상이 지속되고 있다'는 말이 도무지 납득이 안 될 수도 있다. 체감하는 물가와 소비자물가지수가 다르기 때문이다. 소비자물가 조사는 조사대상 460개 품목의 가격변동을 종합하여 가중평균하여 계산한다.

본 저자는 현대경제연구원 재직 시절, '식탁물가'라는 단어를 유행시킨 적이 있다. 2013년에 '연초 식탁물가 급등과 서민경제'라는 주제의 보고서를 발표하면서 가능했던 일이다. 주부들이 체감하는 물가는 460개 품목의 평균치인 소비자물가지수가 아니라, 식탁에 자주 오르는 식료품들의 물가, 즉 식탁물가였던 것이다. 실제로 식료품물가상승률은 등락이 심하고, 2018년 9월에도 5.4퍼센트로 소비자물가상승률보다 높은 수치를 기록했다.

2018년 소비자물가상승률과 식료품물가상승률 추이

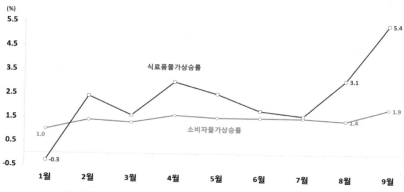

자료 : 통계청, 소비자물가조사 데이터 이용 추계 | 주 : 전년동월 대비 소비자물가지수의 상승률임

식탁물가, 무엇이 가장 많이 올랐을까?

최근 들어 가장 많이 오른 식료품들은 주로 채소다. 유난히도 더웠던 지난여름을 보내면서, 채소들이 많이 말라버렸다는 소식을 우리는 익숙하게 들어왔다. 그만큼 시장에는 채소들의 공급이 부족했던 것이다. 반면, 9월에 찾아온 추석 준비에 채소 수요는 크게 증가했다. 공급은 부족한데 반해 수요가 증가하니 가격은 오르는 수밖에.

가장 많이 오른 채소들 중에는 부추와 양배추가 있다. 2018년 9월 시금치는 69.2퍼센트, 당근은 48.5퍼센트로 물가가 매우 크게 상승했다.

자료 : shutterstock

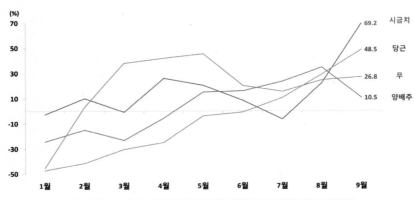

2018년 주요 채소별 물가상승률 추이

자료 : 통계청, 소비자물가조사 데이터 이용 추계 | 주 : 전년동월 대비 소비자물가지수의 상승률임

주부들은 시금치와 당근 가격의 상승세를 '나의 물가지수'로 기억하게 되는 것이다. 그 밖에도 무 26.8퍼센트, 양배추 10.5퍼센트로 높은 물가상승률을 보인 식료품들이 상당하다. 소비자물가 상승률 1.6퍼센트와는 전혀 다른 것이다. 소비자물가를 추산하는 460개의 품목들 중에서 유독 가격상승세가 높은 채소들을 더 크게 체감하고 있는 것이다.

저소득층에게 더 가혹한 식탁물가

식탁물가가 상승하면, 유독 저소득층에게 더 충격이 크다. 왜냐하면, 저소득층의 경우 소비지출 총액에서 식료품비가 차지하는 비중이 높기 때문이다. 우리는 이것을 엥겔지수(Engel coefficient)라고 한다.

저소득층에 해당하는 1분위가구는 소비지출 총액에서 20.3퍼센트를 식료품 지출에 쓴다. 반면, 고소득층에 해당하는 5분위가구는 엥겔지수가 11.6퍼센트에 달한다. 1분위가구는 월평균 약 115만 원을 소비지출하고, 그중 식료품비로 약 23만 원을 쓰는 구조다. 한편, 5분위가구는 월평균 약 433만 원을 소비지출하고, 그중 약 50만 원을 식료품비로 쓴다.

저소득층은 생활비 중 절대적으로 많은 비중을 식료품 소비지출에 사용하고 있고, 고소득층은 그 밖의 오락, 문화, 교육 등의 영역에 소비지출하고 있다. 결국 식탁물가가 상승하면, 저소득층에게는 더 치명적일 수 있는 것이다. 치솟는 물가에 서민들은 고충을 토로하지만, 발표되는 소비자물가지수만 보면 그 고충을 이해할 수 없다.

2018년에 이어서 2019년에도 고용 여건이 불안정하기 때문에, 저소

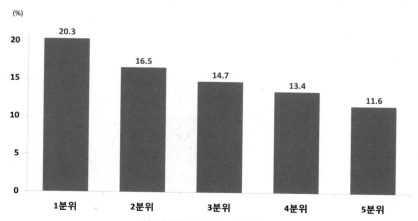

소득5분위별 엥겔지수 현황

(%)

자료: 통계청, 가계동향조사 데이터 이용 추계
주 : 소득5분위별 가구당 가계지출(전국, 1인이상, 명목, 2017년) 기준

득층을 중심으로 소득이 크게 늘어나기 어려운 여건이다. 반면, 매년 반복되는 한파와 폭설, 가뭄 등 변화가 큰 기상현상으로 식료품 물가는 크게 등락할 것이다. 따라서 저소득층을 중심으로 '왜 나의 삶만 팍팍할까?'와 같은 의문은 계속될 것이고, '저물가'라는 거시경제적 현상을 체감하기 어려울 것으로 예상된다.

'물가안정' 아닌 '식탁물가 안정' 필요

일반적으로 소비자물가지수는 '가구에서 일상생활을 영위하기 위해 구입하는 상품과 서비스의 가격변동을 측정하기 위하여 작성한 지수'로 정의된다. 지수는 일반적으로 현실경제를 이해하고, 사회를 바로잡기 위해 정책적으로 활용된다. 지수가 현실을 반영하지 못하고 있다면, 바람직한 정책이 계획될 수 없는 것이다.

물가정책의 목표는 '물가안정'이 아닌 '식탁물가 안정'이어야 한다. 물가는 이미 안정되어 있기 때문에 서민들의 생활에 직접적인 영향을 미치는 식탁물가의 안정이 필요한 것이다. 먼저, 매년 반복되는 신선식품의 변동성을 완화해야 하겠다. 수급 변동성이 큰 품목에 대해서는 비축재고 물량을 확대하는 등 정부비축 시스템을 보완해야 한다. 한편, 가뭄, 한

자료 : shutterstock

파, 폭설 등의 계절적 요인을 반영한 식탁물가 지표를 개발하고, 합리적인 물가정책을 위해 보조지표로 활용해야 한다.

PART

3

2019년
산업의 주요 이슈

디지털 트랜스포메이션

규제와의 전쟁, 기존 산업과의 경쟁

4차 산업혁명의 본격화, 스마트 라이프의 진전

한류와 콘텐츠 산업의 희망

고령사회의 진입과 시니어 비즈니스

남북경협의 기대와 불신

CHAPTER 1

디지털 트랜스포메이션

Economic Outlook for 2019

최근, 70년 역사를 자랑하는 미국 장난감 회사 토이저러스(Toysrus)가 경영난으로 폐업을 신고했다. 오프라인 매장을 통한 판매에 중점을 두었던 토이저러스는 소비자가 오프라인이 아닌 온라인에서 쇼핑하는 비율이 늘면서 입지를 잃었다. 아이들의 장난감이 스마트폰과 태블릿 PC 등으로 이동하면서, 토이저러스의 입지가 더욱 좁아지게 된 것이다.

역사 속으로 사라져가고 있는 기업의 대표적인 사례 중 일본의 대형 필름 회사 코닥(Kodak)이 있다. 필름 카메라에서 디지털 카메라로 시장이 옮겨가고 있을 때, 디지털 카메라 기술을 개발해 놓고도 사업을 전환하지 않아 몰락하게 된 대표적인 사례다.

자료 : gray digital media

디지털 트랜스포메이션의 배경, 디지털 네이티브와 디지털 이민자

앞으로 유치원에서 사용하는 교재는 인쇄된 책의 형태가 아닐 수 있다. 책이 아니라면 무엇일까? 그건 바로 디지털 교재다. 교육부는 2019년부터 초등학교에서 디지털교과서로 학습할 수 있도록 환경을 제공하기 위해 준비하고 있다. 처음부터 디지털 세상에 태어난 이들을 디지털 세상의 원주민이라 하여 디지털 네이티브(Digital Natives)라고 칭한다. 이들은 디지털화된 사물들과 더욱 친숙하다.

한편, 아날로그 세상에 태어났지만, 디지털 세상으로 바뀐 세상에 적응해온 세대가 있다. 아날로그 세상에서 디지털 세상으로 이주해 왔다고 하여, 디지털 이민자(Digital Immigrants)라고 부른다. 지도책이 아닌 스마트폰 지도앱을 이용하고, 시계 알람이 아닌 스마트폰 알람을 이용한다. 부동산 정보를 공인중개사무소에 물어보는 것이 아니라 온라인 부동산 플랫폼을 이용한다.

소비자가 디지털 네이티브(Digital Natives)거나 디지털 이민자(Digital Immigrants)인 것이다. 소비자가 변화했으니, 기업들도 변화해야 한다. 아날로그식 서비스와 제품 공급이 아니라, 디지털 기반의 서비스를 확대해야 한다. 대면 서비스 방식에서

2018 이러닝 코리아(e-Learning Korea)에서 학생들이 증강현실을 활용한 디지털 교과서를 체험하고 있다. 자료: 동아일보

비대면 서비스 방식으로 전환하고, 오프라인 채널에서 온라인 채널로 제품 공급 방식을 전환해야 한다. 이러한 기업들의 움직임을 '디지털 트랜스포메이션(Digital Transformation)'이라고 한다. 2019년에는 디지털 트랜스포메이션이 상당한 수준으로 확산될 전망이다.

기업과 기술관점의 디지털 트랜스포메이션

IDC(2015), A.T. Kearney(2016) 등에 따르면, 디지털 트랜스포메이션은 '산업 내에 기업이 최신의 디지털 기술을 실제적으로 활용하여 프로세스가 변화하는 과정에서부터, 이를 통해 비즈니스 모델의 변화를 가져오는 효과까지'를 포함하고 있다. 또한 디지털 트랜스포메이션은 이미 각 산업분야에서 진행되고 있으며, 디지털 기술을 활용하여 기존 사업의 프로세스는 물론 기존 산업의 가치사슬 변화를 이끌어 내고 있다.

디지털 트랜스포메이션은 빅데이터, 로봇, 블록체인, 클라우드, 인공지능, 사물인터넷, 가상증강현실 등 4차 산업혁명의 기반기술들을 활용하여, 기업들이 전략과 비즈니스 모델을 전환시키고, 경쟁력을 강화하는 방향으로 움직이게 한다. 농축산업에서는 스마트팜을, 제조업에서는 스마트 팩토리를, 유통업에서는 키오스크를 도입하는 것이 대표적인 예다. 디지털경제(Digital Economuy)로 변모하고 있는 시점에 주도권을 잡고 이를 선도하려는 기업들의 움직임이 다양하게 나타나고 있다.

금융 산업의 디지털 트랜스포메이션

디지털 트랜스포메이션이 가장 두드러지게 나타나고 있는 산업들 중 하나가 금융 산업이다. 최근 금융 산업은 영업점포를 줄여나가고 있다. 국내은행 영업점포는 2015년 7,158개에서 점차 감소해 2018년 1분기 기준으로 6,784개를 기록하고 있다. 국내은행뿐만 아니라, 생명보험과 손해보험 점포도 지속적으로 감소하고 있고, 증권사 국내지점도 2016년 이후 감소세가 지속되고 있다.

디지털 금융서비스에 대한 의존도가 늘어나면서, 소비자들이 점포방문을 통한 대면 서비스 수요를 줄여가고 있다. 이러한 트렌드와 맞물려, 금융기업들은 영업지점 및 직원 수를 줄이고 있다. 이른바 금융 산업의 '자산경량화' 트렌드가 가속화되고 있다. 2018~2019년 동안 고용 정책

주요 금융사 지점 및 영업점포 현황

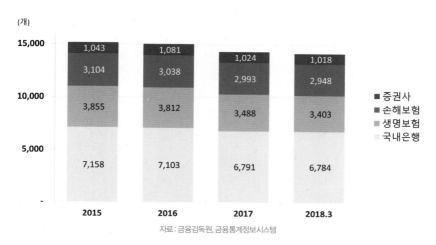

자료 : 금융감독원, 금융통계정보시스템

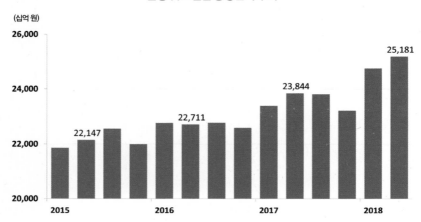

금융 및 보험업 총생산액 추이

(십억 원)

22,147

22,711

23,844

25,181

자료 : 한국은행, 국민계정 | 주 : GDP 원계열 실질 기준임

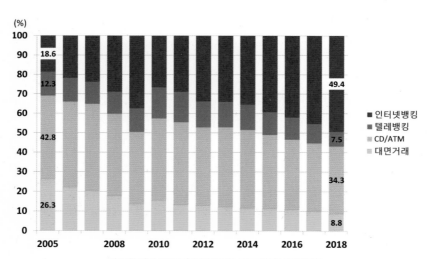

입출금거래의 채널별 업무처리 비중

(%)

18.6

12.3

42.8

26.3

49.4

7.5

34.3

8.8

- ■ 인터넷뱅킹
- ■ 텔레뱅킹
- ■ CD/ATM
- ■ 대면거래

자료 : 한국은행, 지급결제(전자금융통계) | 주 : 2018년은 2분기 기준임

적으로 근로조건을 개선하는 움직임이 크기 때문에, 기업들은 자산경량화 속도를 더 빠르게 진행하려는 움직임이 나타날 전망이다.

금융 산업이 지점 및 영업점포를 줄인다고 해서, 금융서비스의 규모가 축소되는 것은 아니다. 금융서비스의 종류는 더욱 다양화 되고 있고, 규모가 확대되고 있다. 2018년 2분기 금융 및 보험업의 총생산액은 25,181십억 원으로, 2015년 2분기 22,147십억 원에서 지속적으로 증가하고 있다. 즉, 영업점포와 지점이 줄어드는 과정에서 대면 금융서비스는 축소되고 있는 반면, 디지털 기반의 비대면 금융서비스는 가파르게 확대되고 있다는 결론에 도출된다.

금융소비자의 업무처리 현황을 보면, 입출금거래 시 대면거래를 하는 비중이 2005년 26.3퍼센트에서 2018년 2분기 8.8퍼센트로 축소되어 왔다. 텔레뱅킹이나 CD/ATM에 대한 의존도 역시 축소되고 있다. 반면, 인터넷뱅킹에 대한 의존도는 같은 기간 18.6퍼센트에서 49.4퍼센트로 가파르게 증대되었다.

핀테크 VS 테크핀의 격돌

금융 플랫폼 구축 경쟁이 본격화되고 있다. 인력을 투입해 수행했던 금융서비스는 이제 네트워크에 기반한 정보통신기술을 통해 대신할 수 있게 되었다. 이에 따라 기술 기업이 금융 산업으로 뛰어 들면서 기존 생태계를 바꾸어 놓고 있다. 금융서비스가 금융사의 독점적 영역이 아니게 됨에

핀테크와 테크핀의 격돌

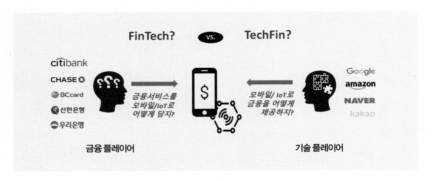

따라 플랫폼의 중요성이 더욱 커지고 있다.

　과거 금융서비스는 금융기관을 통해 대면으로 전달되었다면, 이제 온라인 비대면 플랫폼을 통해 금융서비스를 전달하는 새로운 국면에 처하게 되었다. 디지털 트랜스포메이션의 주인공은 금융기업들만이 아니라 기술기업들의 주 무대가 되고 있는 것이다. 금융기업들이 IT기술을 도입해 비대면 서비스를 제공하는 노력을 핀테크(Fintech) 트렌드라고 한다면, IT기업들이 그들의 플랫폼 기술을 활용해 금융서비스를 제공하는 노력을 테크핀(Techfin) 트렌드라고 명명할 수 있다. 금융 플랫폼은 금융 소비자에게 필요한 모든 서비스를 종합적으로 제공 하는 중요한 통로 역할을 함으로써 고객 접점 확보를 위한 전략적 교두보가 될 것으로 전망된다.

　많은 IT기술 기업들이 금융서비스의 영역에 진입하고 있다. 주요 기업들의 금융서비스 진출현황은 아래 표와 같다. 구글(Google), 아마존(Amazon), 알리바바(Alibaba) 등의 IT기업들은 다양한 영역에서 파괴적 혁신을 이끌고, 기존 금융사와는 차별화된 금융서비스를 제공해 오고 있다.

국내 기업들의 금융서비스 진출도 가속화되고 있는 상황에서 핀테크 산업을 육성하기 위한 지원 및 규제완화의 움직임도 뚜렷하게 나타나고 있다. 예를 들어, P2P 투자 제한 규모를 1,000만 원에서 2,000만 원으로 상향시키거나, 은산분리 원칙을 완화해가는 등 비금융 기업들의 금융 산업 진출 가능성이 확대되고 있다.

테크 기업들의 금융서비스 진출 현황

금융서비스	내용	사례기업
송금	인터넷 플랫폼으로 송금 의뢰자와 수탁자를 직접 연결해 송금 수수료를 대폭 낮추고 송금시간도 단축	구글, 아지모, 카카오
지급결제	은행계좌나 신용카드 외 IT를 활용한 다양한 결제방식으로 간편한 지급결제 서비스 제공	아마존, 이베이, 구글, 카카오, 알리바바, 텐센트, 페이스북
자산관리	온라인으로 투자 절차를 수행해 자금운용 수수료를 낮추고 온라인 분석시스템으로 고객에 최적화된 포트폴리오를 구성	알리바바, 바이두, 텐센트
대출중개	P2P 기반으로 대출자와 차입자를 직접 중개하고 자체적으로 신용평가를 해줌으로써 대출 취급비용을 절감	조파, 펀딩서클, 렌딩클럽, 레이트세터

글로벌 리딩 기업들의 디지털 트랜스포메이션 사례

스페인의 가장 혁신적인 금융기관으로 알려진 카이샤은행(CaixaBank)은 간편 결제서비스 제공에 앞장서고 있다. 카이샤은행은 이미 2014년에 유럽에서 처음으로, 사용자가 비접촉식 시스템을 사용하여 상점에서 구매대금을 쉽게 지불할 수 있는 '스마트 밴드'를 출시한바 있다. 카이샤은행의 고객은 카드를 손목에 휴대하여 스페인 전역 30만 개 이상의 상점에서 쉽

고 간편하게 대금을 지불할 수 있다. 또한 2016년에는 삼성전자와 제휴를 맺고 자사 체크카드와 신용카드를 삼성페이와 연계한 결제서비스를 제공하고 있다. 카이샤은행은 2016년 BAI의 글로벌 혁신 어워즈(Global Innovation Awards)에서 지불 혁신 부문을 수상하였다.

마스터카드는 기존의 시장 지위에 안주하지 않고 오히려 자신의 경쟁 우위를 스스로 파괴하여 디지털화 및 비금융회사의 진입 등에 의해 촉

발된 지급결제 시장의 변화 속에서도 주도권을 확보해 나가고 있다. 강점을 가지고 있는 플라스틱 카드 시장에 집중하기보다는 새롭게 등장하는 채널을 위한 지급결제 플랫폼 등을 선제적으로 출시함으로써 시장의 변화를 주도하고 있다. 마스터카드는 제조사인 삼성전자와의 협력을 통해 삼성전자의 사물 인터넷 (IoT, Internet of Things) 기반 냉장

Visa카드의 빅데이터 기반 소비성향 예측

자료 : VISA Card

고에서 온라인 쇼핑이 가능하도록 하는 지급결제 플랫폼 'Groceries by MasterCard'를 개발했다.

　비자카드는 위치기반 빅데이터 전략으로 마케팅 효과를 극대화했다. 고객의 소비 빅데이터를 활용해 소비행태를 분석하고, 향후 예상 경로 및 소비를 예측하는 시스템이다. 이를 통해 고객에게 맞춤화된 쿠폰을 발송해 주는 시스템을 구축한 대표적인 사례다. 모든 고객에게 똑같은 쿠폰 및 서비스를 제공했던 기존 모델과는 차별화된 서비스를 제공하기 시작한 것이다.

디지털 트랜스포메이션을 선도하라

미래 산업을 주도할 핀테크는 한국이 놓쳐서는 안 되는 산업이다. 한국의 핀테크 산업 성장을 위해 해결해야 할 과제가 있다. 먼저 정부, 지방자치단체, 금융회사, IT기업들이 협력할 수 있는 플랫폼이 필요하다. 핀테크

지원센터 등의 매개체를 이용해 다양한 기관들이 활발히 교류할 수 있어야 한다. 기본적으로 핀테크 산업은 여러 기술들의 융합에 기반하고 있기 때문에 정보교환, 공동 기술 개발 및 서비스 제휴가 필요하다. 산업 간의 이해관계가 상충되어 산업의 발전이 지연되는 것이 아니라, 협업을 통한 시너지가 창출되어야 하는 것이다.

한편, 핀테크 스타트업을 장려하고 지원하는 시스템을 마련해야 한다. 핀테크 산업은 상당한 초기 투자 자금과 고급 인력을 필요로 하는 분야지만, 최근 고조된 불확실성으로 창업을 두려워하는 분위기가 조성되었다. 핀테크 산업의 스타트업을 장려하기 위한 적극적인 인센티브가 요구된다. 국내 기업들이 세계 디지털 트랜스포메이션을 선도하는 기업으로 부상할 수 있는 환경을 조성할 필요가 있다.

CHAPTER 2
규제와의 전쟁, 기존 산업과의 경쟁
Economic Outlook for 2019

"지금까지 시도된 적이 없던 과감한 방식, 그야말로 혁명적 접근이 필요하다."
- 문재인 대통령

위의 문장은 문재인 대통령이 2018년 연초 규제 혁신 토론회에서 한 말이다. 이어, "규제 개혁의 핵심은 신산업 기술에 대해서 우선 허용하자는 것"이라며 "근거 규정이 있어야만 사업을 할 수 있다는 전제 자체를 재검토해 주길 바란다"고 지시한 바 있다.

이에 당국의 소극적인 대응이 자칫 국내 기업의 글로벌 경쟁력을 약화시킬지 모른다는 우려가 높아지자, 정부는 '규제와의 전쟁'을 선포했다. 우리나라는 경직적인 규제 등으로 혁신적 산업의 출현이 다소 늦어지고 있다. 새롭게 등장하는 서비스와 기존 규제와의 정합성이 충족되

자료 : pexels

지 않은 점은 국내 산업 발전의 장애 요인으로 지적되어 왔다.

산업 구조의 변화와 규제완화의 필요성

빅데이터, 인공지능, 클라우드 컴퓨팅(cloud computing)과 같은 기술적 요인의 등장은 금융 산업 환경을 빠른 속도로 변화시키고 있다. 사실 첨단기술과 금융서비스의 결합은 과거부터 계속 이어져 왔다. 그러나 최근의 변화는 서비스의 공급방식이나 소비패턴에 근본적인 변화를 불러일으키고 있다는 점에서 큰 차이가 있다.

이와 같이 급변하는 산업 환경 속에서 산업의 발전을 도모함과 동시에

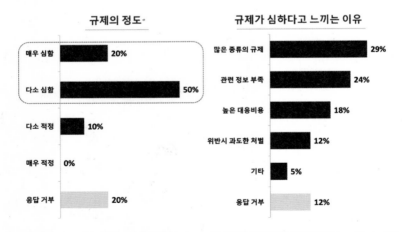

국내 핀테크 기업이 실감하는 규제 정도

규제의 정도		규제가 심하다고 느끼는 이유	
매우 심함	20%	많은 종류의 규제	29%
다소 심함	50%	관련 정보 부족	24%
다소 적정	10%	높은 대응비용	18%
매우 적정	0%	위반시 과도한 처벌	12%
응답 거부	20%	기타	5%
		응답 거부	12%

자료 : 이광용, 서태희, 조민주, 김광석(2017), "국내외 핀테크(Fintech) 규제 동향 분석," 삼정KPMG 경제연구원, Issue Monitor 71호

범죄에 악용되는 등의 사고 발생 가능성을 차단하기 위해 규제의 중요성이 부각되고 있다. 특히, 핀테크를 포함한 최신 기술융합 산업은 과거의 법규제가 예측하지 못했던 부분에서 걸림돌이 되거나 기업의 혁신을 저해하는 요인으로 작용할 수 있다고 평가된다.

규제와의 전쟁

해외 주요국들의 규제동향을 면밀히 들여다보면, 크게 세 가지 특징이 있다. 첫째, 비조치의견서 발행 등을 통해 규제의 불확실성을 최소화시키고 있다. 정부의 법령 규제가 국민의 행위에 어떻게 적용되는지가 모호할 경우, 정부기관에 사전 문의해 적법한지 여부를 판단 받고, 문의한 내용에 대해서는 규제조치를 취하지 않겠다는 의견서를 공식적으로 받는 제도다. 둘째, 규제 샌드박스를 도입하여 스타트업이 새로운 서비스를 자유롭게 실험해볼 수 있는 기회를 제공하고 있다. 셋째, 기업 간 또는 기업과 투자자 간 네트워크를 형성하여 자본조달 및 상호 협력할 수 있는 신산업 지원프로그램들을 운영하고 있다.

우리나라도 적극적인 규제완화의 움직임이 나타나고 있다. 공유자동차 규제, 스마트 헬스케어 시스템을 활용한 원격진료 금지, 신용정보 빅데이터 활용 제한, 드론의 상업용 활용 제한, 자율자동차 안전성 기준 부재 등 다양한 영역에 걸쳐, 신산업에 적합한 새로운 제도의 도입 및 기존 규제의 완화 등이 2018년 들어 본격적으로 진행되어 왔다. P2P 대출산

신산업 규제혁파 과제 현황

무인기	자율주행차	사물인터넷(IoT)	클라우드	빅데이터	VR·AR
지능로봇	신약	정밀재생의료	의료기기	보건산업	바이오
의료정보	신재생에너지	신소재	신서비스산업	기타	

총계 38건	진행중 6건	부분완료 0건	국회심의중 8건	완료 24건

자료 : 규제정보포탈 | 주 : 2018년 10월 8일 기준임

업에 대한 규제도 완화하였고, 비금융 기업들의 인터넷전문은행 출범을 제한하는 은산분리 원칙도 과감하게 해소되어 왔다.

정부는 무인기, 자율주행차 등 다양한 신산업에 걸쳐서, 성장을 제약하는 규제들을 탐색하고, 규제혁파를 진행 중에 있다. 2018년 10월 현재, 총 38건의 규제혁파 과제 중 24건인 완료되었고, 6건이 진행 중에 있으며, 8건이 국회심의 과정에 있다.

신산업 규제혁파 과제 세부 현황

	과제제목	주관부처	완료일 / 예정일	진행상태
1	선박연료공급업의 개념 확대	해양수산부	2018-05-31	완료
2	신소자 등 발광체 활용한 교통안전표지 소재 다양화	경찰청	2018-08-31	진행중
3	산업디자인전문회사 전문분야를 포괄적으로 전환	산업통상자원부	2018-08-31	진행중

4	임산물의 범위에 포함되는 목재제품 개념을 포괄적으로 정의	산림청	2018-06-30	완료
5	축산물 이동판매차량 특례 범위 확대	식품의약품안전처	2018-06-30	완료
6	공공기관 정보공개 대상 정보의 정의 규정	행정안전부	2017-12-28	국회심의중
7	농림수산업자의 자금 지원대상 확대	금융위원회	2018-06-30	국회심의중
8	자동차 분류 체계 유연화	국토교통부	2018-12-31	완료
9	옥외광고물 분류 유연화	행정안전부	2018-06-30	완료
10	이식이 가능한 장기 등의 범위	보건복지부	2018-04-30	국회심의중
11	정보통신서비스 제공시 수집 이용 동의획득 방법 다양화	방송통신위원회	2018-06-30	완료
12	관광사업의 종류	문화체육관광부	2018-08-31	진행중
13	가축시설등의 소독방법 다양화	농림축산식품부	2018-05-31	완료
14	배합사료 제조시 동물용의약품 사용 특례 마련	농림축산식품부	2018-03-31	완료
15	농산물의 포장재 규격 및 포장방법 다양화	농림축산식품부	2018-03-31	완료
16	기업경영림을 경영할 수 있는 업종 확대	산림청	2018-06-30	완료
17	시선유도봉 품질기준 및 시공방법 네거티브 규제전환	국토교통부	2019-12-31	진행중
18	기준건축면적률 적용이 완화되는 비제조업 범위 확대	산업통상자원부	2018-03-31	완료
19	음식점 및 즉석판매제조 가공업 시설기준 특례 범위 확대	식품의약품안전처	2017-12-29	완료
20	임산물 소득원의 지원대상품목 분류체계 유연화	산림청	2018-06-30	완료
21	유전자 치료 연구범위 네거티브 전환	보건복지부	2018-10-31	진행중
22	대기오염 물질별 측정방식 다양화	환경부	2018-06-30	완료
23	시험연구용 폐기물 재활용 원칙적 허용	환경부	2018-03-31	완료

24	재제조 가능제품 및 부품 종류 네거티브화	산업통상자원부	2018-06-30	국회심의중
25	의료기기소프트웨어 변경허가 제도 개선	식품의약품안전처	2017-12-20	국회심의중
26	시외고속버스 운송 소화물 범위 네거티브 방식 전환	국토교통부	2018-03-31	완료
27	전자문서의 효력규정 확대	과학기술정보통신부	2017-12-31	국회심의중
28	디자인 출원 신규성 상실의 예외주장 시기 확대	특허청	2017-12-31	완료
29	즉석판매제조가공업의 축산물가공품 소분 허용	식품의약품안전처	2018-06-30	완료
30	제품과 관련한 수상 사실 표시 광고 허용	식품의약품안전처	2018-04-30	완료
31	음악영상물 자율 심의	문화체육관광부	2018-12-31	진행중
32	식품 등 시험검사기관 지정요건 중 설비기준 적정성 심사로 전환	식품의약품안전처	2017-12-29	완료
33	교육연구시설 건축물 에너지소비 총량제 도입	국토교통부	2017-12-31	완료
34	금융기관 고객정보 클라우드 활용 허용	금융위원회	2018-02-28	국회심의중
35	금융기관제3자업무위탁범위탄력적용	금융위원회	2017-11-30	완료
36	환경신기술 개발시 환경산업연구단지내 환경오염물질 사용 허용	환경부	2017-03-30	국회심의중
37	항만신기술의 시험시공 활용 근거 마련	해양수산부	2018-06-30	완료
38	자유무역지역내 전자상거래물품 국외반출신고 간소화	관세청	2017-11-30	완료

자료 : 규제정보포털 | 주 : 2018년 10월 8일 기준임

2019년에도 규제와의 전쟁이 가속화되고 그 과정에서 다양한 사업기회가 도출될 전망이다. 공유자동차 규제, 스마트 헬스케어 시스템을 활용한 원격진료 금지, 신용정보 빅데이터 활용 제한, 드론의 상업적 활용 제

한, 자율자동차 안전성 기준의 부재 등 다양한 이슈와 관련하여 신산업에 적합한 새로운 제도의 도입 및 기존 규제의 완화 논의가 2019년 하반기에 본격화될 전망이다. 2019년에는 규제 샌드박스 도입 및 완화된 산업 규제 아래에서 기업들의 사업영역이 확대될 것으로 예상된다.

기존 산업과의 전쟁

이제 '기존 산업과의 전쟁'이다. 4차 산업혁명이 전개됨에 따라 필연적으로 새로운 산업이 등장하기 마련이다. 새로운 제조/서비스 기업들이 등장하고, 새로운 산업이 조성되면 경제규모는 더욱 커진다. 새로운 산업의 조성은 곧 일자리가 늘어남을 뜻한다. 양질의 일자리에 기초해 국민소득이 안정적으로 증가하고, 소비가 진작되면서 경기가 부양되는 것이다. 그런데 새로운 산업에 맞서는 기존 산업의 반발이 심상치 않다.

카풀시장이 대표적인 사례다. 카카오는 9월 중 승차공유(카풀) 시장에 진입하기 위해 지난해 7월 카풀 스타트업인 '럭시'를 인수했다. 기존의 '카카오택시' 서비스나 '주차장 공유' 등과 함께 이동수단 토털 서비스를 추진하고 있는 것이다. 기존 산업인 택시업계의 강한 반발이 거세게 일고 있다. 택시업계는 카풀의 '불법화'를 추진하고 있다. 국토교통부와 택시업계는 대화를 이어왔지만, 협의점을 찾지 못한 채 대화가 중단된 상태다.

공유경제는 세계적으로 부상하고 있다. 중국 최대 차량 공유 서비스 '디디추싱(Didi Chuxing)'은 미국의 우버(Uber)와의 경쟁에서 승리했다.

디디추싱에 도전하는 라이벌 '메이투안(Meituan)'은 공동구매를 시작으로 성장하여, 올해 3월 차량 공유 서비스 시장에도 진입했다. 중국 자전거 공유 스타트업인 '모바이크(Mobike)'는 세계에 진출했다. 숙박공유 모델이나 장난감 공유 모델 등 다양한 산업들이 세계적으로 성장하고 있다. 공유경제는 소비자의 선택권 확보, 환경 보존, 자원의 효율적 활용, 신산업 성장 등의 면에서 긍정적인 요소가 많다.

한국 경제 무엇을 고민해야 하는가?

우리나라의 신산업이 기존 산업과의 전쟁으로 성장하기 어려운 상황임을 인지해야 한다. 이미 공유경제 플랫폼이 선진국뿐만 아니라 중국, 인도 등의 신흥국에서도 성장하고 있음을 주지해야 한다. 이마트는 월마트와의 경쟁에서 이겼지만, 앞으로의 신산업들은 세계적으로 이미 성장한 플랫폼 기업에게 당해내지 못할 수 있음을 우려해야 한다. 기존 산업과의 마찰이 있는 동안 국내 신산업은 성장하지 못하고, 그사이 다른 나라들은 지속적으로 신산업을 성장시키고 있음을 걱정해야 한다. 기존 산업에 대한 눈치보다는 다른 나라 신산업에 대한 눈치가 필요한 것이다.

모든 선택에는 포기가 따른다. 두 마리 토끼를 동시에 잡을 수 없다. 다만 효용이 크거나 미래 가치가 있는 선택을 하되, 포기한 것에 대해서는 보완을 해야 하는 것이다. 농수산업이 붕괴될 것을 우려해 FTA를 포기해왔는가? FTA를 확대해 우리나라 전체 수출을 확대하고, 악영향이 있는 산업을 위한 대안들을 마련해 오지 않았는가? 동네 오프라인 서점이 붕괴될 것을 우려해 온라인 서점을 막았던가? 온라인 서점산업을 성장시키면서, 동네 오프라인 서점들이 문화적인 공간으로 부상할 수 있도록 지원책들을 마련하지 않았는가?

택시업계의 눈치를 보는 정부는 규제완화의 정책기조와 엇박자가 나고 있다. 신산업은 우리나라의 '미래 먹거리'다. 신산업을 육성하는 정책적 기조는 흔들리면 안 된다. 흔들리지 않는 기조하에서 보완책들을 마련해 나갈 필요가 있는 것이다. 신산업 성장에서 얻는 효용을 기존 산업과 합리적으로 공유하는 모델을 구상해 볼 수 있다. 신산업은 장려하되, 기존 산업들이 다른 활로를 열 수 있도록 하는 방법을 마련해 볼 수 있다. 집안싸움 보다는 글로벌 경쟁을 고민해야 한다.

CHAPTER 3

4차 산업혁명의 본격화, 스마트 라이프의 진전

Economic Outlook for 2019

'4차 산업혁명 대응의 본격화'는 2019년 한국 경제의 중대한 이슈가 될 것이다. 2017년부터 4차 산업혁명은 정부, 기업, 가계 각 경제주체들에서 가장 많이 거론되는 이슈였다. 세계적으로 각국의 정부, 기업, 교육기관, 연구기관 등의 주체들은 4차 산업혁명에 집중하고 있고 발 빠르게 대응하기 위해 준비하고 있다. 2018년에는 인공지능 빅데이터 사물인터넷 등의 4차 산업혁명 기반기술에 집중적으로 R&D 투자를 투입하고, 해당 분야 인재양성에 주력하며, 새로운 비즈니스로 발전시키기 위해 경제주체들이 노력하고 있다.

2017년 8월 대통령 직속 '4차 산업혁명위원회'를 신설하였고, 정부는 인공지능 소프트웨어, 하드웨어, 데이터, 네트워크 등 분야별 핵심 원천기술 및 이를 활용한 융합기술 개발을 지원하며, 신산업 성장을 위한 규제 개선 및 제도 정비를 추진해 나가고 있다. 더욱이 '산업단지 혁신 2.0'을 추진하면서 유휴부지를 활용하여 지식기반사업 집적지구를 지정하고, 산업단지 내의 제조·생산 공정에 ICT를 접목한 스마트공장을 집중 보급할 계획이다. 그 밖에도 공공 빅데이터를 구축하고, 이를 시장에 개방해 빅데이터 기반 산업들을 육성하는 등 산업 전반에 걸쳐 상당한 기회가 있을 것으로 예견되고 있다.

2019년에는 4차 산업혁명의 기반 기술들이 삶의 다양한 영역으로 스며들어 오면서, 스마트화(smartization)가 진전될 전망이다. 인간의 삶이 바뀌는 것이다. 삶의 영역을 넓게 보면 도시가, 좁게 보면 집과 가전이 점점 더 똑똑해진다는 것을 의미한다.

스마트 시티(Smart City)

스마트화의 모습들은 먼저 스마트 시티로 구현될 것이다. 스마트 시티(Smart City)란 도시에 ICT·빅데이터 등 신기술을 접목하여 각종 도시문제를 해결하고 삶의 질을 개선할 수 있는 도시모델로, 4차 산업혁명의 다양한 혁신기술을 도시 인프라와 결합해 구현하고 융복합할 수 있는 공간이라는 의미의 "도시 플랫폼"으로도 활용되고 있다.

세계적으로 스마트 시티 시장은 2014년 659십억 달러에서 2019년 1,255십억 달러 규모로 성장할 것으로 전망된다. 스마트 교통(Smart Transport), 스마트 에너지(Smart Energy), 스마트 관계시설(Smart Water&Waste), 스마트 공공서비스(Smart Social), 스마트 건축물(Smart Building)을 포함한 스마트 시티는 세계적으로 계속 늘어날 것이다. 이에

스마트 시티 시장규모 전망

자료 : HIS Forecas

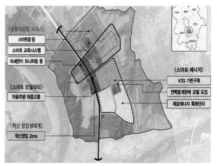

스마트 시티 시범도시 - 세종시

자료 : 관계부처 합동(2018.01)

따라 향후 건설사업 발주도 스마트 시티 위주로 증가할 것으로 보인다.

한편, 대통령 직속 4차산업혁명위원회는 스마트 시티 정책 로드맵을 심도 있게 검토해 왔고, 2018년 1월 〈스마트 시티 추진전략〉을 발표했다. 스마트 시티를 플랫폼으로 자율주행차, 스마트에너지, AI 등 4차 산업혁명의 다양한 미래기술이 집적·구현되도록 하고, 데이터 기반 스마트 도시운영으로 도시문제 해결과 신산업 창출을 지원할 계획이다. 이를 위해, 세종 5-1 생활권(83만평), 부산 에코델타시티(세물머리지역 중심, 66만평) 2곳을 스마트 시티 시범사업지로 선정하였다.

스마트 홈과 스마트 가전

스마트 홈은 가정환경을 보다 편리하게 관리하기 위해 가정 내 기기들을 인터넷으로 연동한 유비쿼터스 홈 네트워크 시스템과 이런 시스템이 구축된 주거 공간을 포괄적으로 지칭한다. 스마트 홈 서비스의 핵심은 스마트폰, 태블릿 PC, 스마트 TV 등 디지털 단말기상의 동일한 인터페이스를 통해 가정 내 기기들의 정보를 확인 및 조작할 수 있는 환경을 구현하는 것이다. 이 서비스를 통해 시간이나 공간과 관계없이 가정 내 상태 정보를 확인하고 제어하는 것이 가능해졌다.

한국 스마트 홈 산업협회에 따르면 국내 스마트 홈 시장은 2015년 10조 원 규모를 넘어, 연평균 20퍼센트 이상씩 성장해 2018년에는 약 19조 원의 시장을 형성할 전망이다. 편리하면서도 안전하고 즐거움이 있는 세련된 주거 생활에 대한 욕구가 강해지면서 스마트 홈 관련 제품과 서비스에 대한 수요가 증가하고 있기 때문이다. 산업별 현황을 살펴보면, 2015년 기준 '스마트TV&홈 엔터테인먼트' 분야가 5조 800억 원으로 전체 스마트 홈 시장의 54.1퍼센트를 차지하고 있다. 스마트 TV의 신제품개발이 활발하게 이뤄지고 있기 때문이다. 특히, 가전제품에 IoT기술이 결합

국내 스마트 홈 시장규모 추이

자료 : 한국스마트 홈산업협회

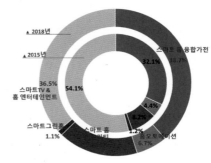

국내 스마트 홈 산업별 비중변화

자료 : 한국스마트 홈산업협회

한 '스마트 홈 융합가전' 시장의 성장세가 뚜렷하게 나타날 것으로 전망된다.

현재 시장 성장기에 접어든 국내 스마트 홈 시장은 최근 IoT 기술이 냉장고, 에어컨, TV 등 다양한 가전에 적용되면서 시장 성숙기로 빠르게 전환되고 있다. 특히 스마트폰을 주축으로 홈 네트워크가 통합되어 스마트 홈을 실현하고 있다. 다만 아직까지는 전체적인 표준화가 진행되지 않아 호환에 문제가 상존하고 있으며, 콘텐츠 또한 가전과 비가전으로 국한되어있다. 향후 기술 발전이 이루어져 성숙단계에 돌입한다면 지배적인 사업자를 중심으로 표준화가 이루어져 호환의 문제가 사라질 것으로 전망된다. 콘텐츠 또한 더욱 세분화되어 상황과 개인에 맞춘 다채로운 콘텐츠가 제공될 것으로 전망된다.

향후 스마트 홈 시장에서의 주요 쟁점은 "어느 업종에서 시장을 장악할 것인가"이다. 지금까지는 이동통신사와 포털 업체가 주축이 되어 스마트 홈 시장을 이끌어 왔다. 가정 내 전자기기를 제어하고 콘텐츠를 활용할 수 있는 홈 허브용 셋톱박스를 선제적으로 출시해 주목을 받았다. 최근에는 IT 제조업체들 또한 스마트폰을 활용해 가정 내 기기들을 제어 관리하는 시스템을 선보이고 있다. 이들은 IoT 기술을 바탕으로 주택 내 가전, 보안, 헬스케어 등을 통합적으로 관리하는 시스템의 시장 선점을 위해 경쟁하고 있다. 대형건설사들은 통신사와 포털사 등과 협업을 통해 원격 통화 솔루션, 스마트 주방 등 다양한 부가기능이 실현된 아파트를 선보이고 있다.

마지막으로 주요 보안 사업자들과 이동통신사, 가전제품 제조사들은

스마트 홈 시장 성장과 생태계 변화방향 전망

	"가전&비가전 디바이스 분리 시장" 도입기	"가전&비가전 디바이스 통합 시장" 성장기	"차세대 기술/디바이스 &AI컨트롤 도입시장" 성숙초기	"스마트홈 디바이스&AI 컨트롤 최적화 시장" 성숙후기
스마트 디바이스	가전&비전(일상기기)	가전&비전(일상기기)	일상기기&차세대 기술	일상기기&차세대 기술
IoT 표준화	개별사업자별 표준화	컨소시엄별 표준화	다표준 지원	지배적 사업자 표준화
플랫폼	개별 사업자 단말/OS	단말/OS 통합화	지배적 사업자 통합화	지배사업자 통제력강화
컨트롤디스플레이	스마트폰 혹은 TV	스마트폰 혹은 TV	웨어러블	웨어러블&음성/모션인식
콘텐츠	가전&비가전 분리	가전&비가전 분리	차세대 콘텐츠/세분화	응용 콘텐츠/세분화

자료 : 박도휘, 강민영, 김광석, 〈건설 전방산업의 트렌드 변화 : 사업 다각화를 모색하라〉, 삼정KPMG 경제연구원, 이슈모니터 78호, 2018

디지털 가전과 스마트폰을 연결해 실시간으로 홈시큐리티가 가능한 제품과 서비스를 출시하는 등 스마트 홈 시장에서 표준화를 선점하기 위한 경쟁은 계속 뜨거워지고 있다.

스마트 가전은 스마트 홈의 허브로 자리매김하고 있다. 스마트 가전은 인간의 삶을 변화시키고 있다. "냉장고 문을 열어보지 않아도 어떤 음식과 식재료를 보관하고 있는지를 알려주며, 스스로 필요한 식재료를 인식해 온라인 쇼핑 주문을 한다. 오븐은 소비자가 먹고 싶은 요리의 레시피를 제공해 준다. 요리법을 몰라도 요리사가 될 수 있다. 세탁기를 작동시켜 놓는 것을 잊었지만, 퇴근길에 스마트폰으로 세탁기를 돌려놓는다. 퇴근 후 피곤한 몸을 소파에 맡기지만 야구가 궁금하다. 음성비서에 이야기하니, TV는 내가 응원하는 야구팀의 중계화면을 보여준다. 소파에 누워 야구를 보고 있는 사이, 로봇 청소기는 집안을 깨끗하게 청소해 놓는다.

스마트 가전의 구성개념

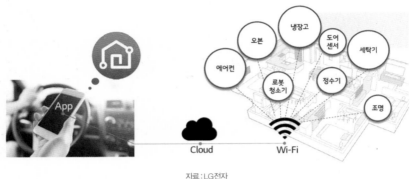

자료 : LG전자

미세먼지 가득한 밖이지만, 내가 잠을 자는 사이에도 깨끗한 공기를 제공해 주고, 따뜻하다가 밤사이 갑작스러운 추위가 찾아왔지만 내가 원하는 적정한 온도를 유지해 준다."

스마트 가전 시장동향과 전망

가전사들의 사업전략은 스마트 가전에 집중되고 있다. 프리미엄 가전과 웰빙 가전을 사물인터넷(IoT)과 결합하여 삼성전자와 LG전자는 스마트 가전 시장에 대한 다양한 전략을 선보였으며, 인공지능로봇을 가전에 연결시켜 다양한 기능을 구현하는 미래 가전의 모습을 제시해 왔다. 삼성전자는 스마트 냉장고 '패밀리허브', LG전자는 스마트 홈 서비스 '스마트 씽큐(ThinQ)'를 소개하면서 사용자의 편리성을 극대화 시킨 가전제품을 선보였다.

가전사들 외에도 IT 제조 및 서비스 기업들이 스마트 홈 서비스 구현을 위해 역량을 집중하고 있다. 구글과 애플 등의 IT 서비스 기업들의 약진이 두드러진다. 특히, 구글은 스마트 홈의 허브, '구글 홈(Google Home)'을 2016년 11월부터 판매하고 있다. 또한, SKT, KT, LGU+, 소프트뱅크 등의 통신서비스 기업들은 이미 확보된 고객을 기반으로 한 서비스를 확대하고 렌탈과 월정액 제품을 출시하고 있다. 특히, SK텔레콤은 'NUGU'라는 인공지능 음성인식 디바이스를, 일본 소프트뱅크는 사람의 감정을 읽는 휴머노이드 로봇인 '페퍼(Pepper)'를 출시해 스마트 홈 허브 디바이스를 공급하고 있다. 미국 아마존과 같은 거대 유통업체들은 자체 유통망을 활용한 독자노선을 펼치고 있으며, '알렉사(Alexa)'와 같은 자체 플랫폼을 확보하여 생태계를 선점해 나가고 있다. 스마트폰시장의 패권을 거머쥔 플랫폼사업자인 구글과 애플은 각각 '구글 어시스턴트'와 '시리(Siri)'를 지속적으로 발전시키고 있으며, '구글 홈'과 같은 디바이스와 '홈킷'이라는 플랫폼을 내놓고 있다. 2017년부터 출시되는 많은 프리미엄 가전들이 구글 홈과 같은 허브와 연결되어 출시될 것이며, 이러한 가전업체들의 적극적인 제품출시와 통신서비스업체들의 서비스 지원은 스마트 홈 서비스를 본격화시킬 것으로 판단된다.

가전산업의 패러다임은 단순 가전에서 스마트 가전으로 변화하고 있다. 가전사들은 가전제품의 출하량에서 스마트 가전의 비중을 늘려나갈 전망이다. 2014년에 등장하기 시작했던 스마트 가전의 출하량은 2018년 전체 대형 가전 출하량의 10퍼센트 수준에 달하고, 2020년에는 20퍼

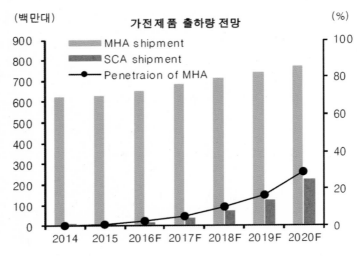

대형 가전과 스마트 가전 출하량 동향 및 전망

가전제품 출하량 전망

(백만대)
- MHA shipment
- SCA shipment
- Penetraion of MHA

자료: IHS, 유진투자증권
주: MHA(Major Home Appliance, 대형 가전), SCA(Smart Connected Appliance, 스마트 가전)

센트를 상회할 것으로 전망하고 있다.

국내 정책적 지원도 확대될 전망이다. 2018년 3월 산업통상자원부는 'IoT(사물인터넷) 가전 및 스마트 홈 업계 간담회'를 개최하고, 'IoT 가전 산업 발전전략'을 논의했다. 본 간담회에는 산업부 장관, 삼성전자, LG전자, 대유위니아, 쿠첸, SK텔레콤, KT, LG유플러스, LH공사, SH공사, 코맥스, 현대통신, 에스원 등 관계자 20여 명이 참석했다. 간담회에 앞서 업계와 산업부는 대기업 IoT 플랫폼을 중소기업에 개방해 생태계를 확장하고 가전, 통신, 건설사 등 다양한 업종 간 협력을 증진하기 위한 '상생 협력 MOU'를 체결했다. 상생협력 MOU를 체결한 기관은 산업통상자원부, 삼성전자, LG전자, 쿠첸, 대유위니아, SK텔레콤, KT, LG유플러스, 에

스원, 와이즈닛, 코맥스, 현대통신, 전자진흥회다. 국내 중소기업 및 스타트업에 제품개발 기회를 제공하고, 중소기업 상생을 위한 기술, 인력 등을 지원하는 내용이 골자다. 다른 업종 간 기술교류를 위한 협의체도 운영할 계획이다.

아울러, 업계와 산업부는 관련 업계 역량을 결집해 국민 체감이 가능한 성과를 속도감 있게 창출하기 위해 '실증사업 협력 MOU'를 체결했다. 실증사업 협력 MOU를 체결한 기관은 삼성전자, LG전자, SK텔레콤, KT, LG유플러스, LH공사, SH공사, 전자부품연구원(KETI), 한국전자정보통신산업진흥회(전자진흥회), 한국스마트홈산업협회다. 스마트 홈(시티) 실증 및 표준화, IoT 가전 및 스마트 홈 플랫폼 구축 및 기술개발, IoT 가전 및 스마트 홈 빅데이터 협력 등의 내용이 담겼다. 이러한 정책적 지원과 산학연 협력 체제는 R&D 예산과 실증 사업을 확대하고, IoT 분야 인재를 집중적으로 양성케 할 것이다. 또한, 금융, 세제, 교육 등의 지원과 신산업 민관공동펀드 등이 활용됨에 따라 스마트 가전 산업이 탄력을 받고 성장할 여건이 조성될 것이다.

스마트 가전 산업 진출 전략

편리하면서도 안전하고 즐거움이 있는 세련된 주거 생활에 대한 소비자들의 욕구가 강해지면서 스마트 가전 관련 서비스에 대한 수요가 증가하고 있다. 하지만 그동안 스마트 홈 시장은 가전사, 통신사, IT 서비스 기업 등 다양한 산업과의 융합 및 제휴가 전제되는 영역이다. 스마트 홈 및 가전 산업에 진출하기 위해서는 다양한 정책적 지원과 사물인터넷 기술을 보유한 스타트업 M&A 및 다른 산업과의 제휴를 시도해야 한다. 유망 산업 진출을 위한 조직의 유연화를 추진하고, 유연한 사고와 유연한 기업문화 조성도 요구될 것이다.

빅데이터에 기반한 라이프 스타일을 제안하는 가전이 필요하다. 스마트 홈 시장에 참여하는 다양한 기업들은 공통적으로 음성비서를 경쟁적으로 공급하고 있다. 음성비서의 궁극적인 목적은 집안에서의 라이프 스타일에 관한 빅데이터를 구축하기 위함이다. 구축된 빅데이터에 기반하여, 보다 정밀하게 맞춤화된 스마트 홈 서비스를 구현할 수 있기 때문이다. 가전 소비자들은 스마트 가전 구입을 통해 변화된 라이프 스타일을 누리고자 한다. 이미 기업들은 미래가전 주도권 잡기 경쟁에 돌입했다. 결국 소비자가 그리고 있는 미래 라이프 스타일을 누가 더 정확하게 이해하고 있는지가 그 주도권을 결정할 것이다.

CHAPTER 4

한류와 콘텐츠 산업의 희망

Economic Outlook for 2019

"What is your name? Speak yourself."

당신의 이름은 무엇입니까? 여러분 자신에 대해 이야기해주세요.

한 청년의 목소리에 세계가 귀를 기울였다. BTS라고 불리는 한국의 케이팝(K-Pop) 그룹 방탄소년단의 리더 RM(본명 김남준, 24)의 목소리였다. 유엔 사무총장, 세계은행 총재, 유니세프 총재, 르완다 대통령 등 세계 정

케이팝 그룹 방탄소년단(BTS)이 24일(현지 시간) 미국 뉴욕 유엔본부 신탁통치이사회 회의장에서 열린 유니세프의 행사에 참석해 리더 RM(가운데)이 연설하고 있다. 자료 : south china morning post

상급 인사들이 참석한 유엔총회에서 박수갈채가 울려 퍼졌다. RM의 목소리와 박수소리는 한국인에게만 들린 것이 아니라, 전 세계 청년들의 가슴에 강한 울림이 되었을 것이다.

'방탄'은 총알을 막아낸다는 뜻으로 청소년들이 사회적 편견과 억압을 받는 것을 막아내고 당당히 자신들의 음악과 가치를 지켜내겠다는 뜻을 가지고 있다. 방탄소년단을 지칭하는 'BTS'는 Bulletproof boys라는 뜻이다. 이후, BTS는 과거와 미래를 아우른다는 의미의 'Beyond The Scene'이라는 뜻으로 확장 정의되었다. '현실에 안주하지 않고 꿈을 향해 끊임없이 달려가는 청춘'이라는 의미를 갖는다.

BTS의 음악적 성과를 하나하나 나열하기에는 공간이 부족하다. 2018년 BTS는 두 번 연속 '빌보드 200' 차트 정상에 올랐다. 빌보드 200은 미국 내 앨범 판매량을 집계하는 차트로, 비영어권 아티스트가 자국어 노래로 2연속 1위에 등극한 것은 유례없는 성과다.

한류와 경제

콘텐츠 산업은 지속적으로 성장해 왔다. 2008년 글로벌 금융위기나 2012년 유럽발 재정위기 당시에도 콘텐츠 산업 수출액은 충격 없이 줄곧 증가했다. 콘텐츠 산업 수출액은 2005년 약 13억 달러 규모에서 2016년 약 60억 달러 규모로 증가했다. 2017년에는 약 69억 달러 규모를 기록할 것으로 추정되고, 2018년에도 크게 증가할 것으로 전망되고 있다.

케이팝이라고 불리는 한국의 음악뿐만 아니라, 캐릭터, 방송, 광고, 영화 등의 성장세가 견고하다. 국내 콘텐츠 산업의 과거 해외 진출방식은 '현지화'에 있었다. 2001년 보아의 일본진출이 대표적인 사례다. 이후 원더걸스와 비의 미국진출 전략과 같이, 해외 공연활동에 의존하는 방식으로 전개되었다. 2010년대 들어서 대전환이 있었다. 콘텐츠 산업 수출의 디지털 트랜스포메이션이었다. 싸이의 강남스타일은 유투브를 통해 이슈화 되었다. BTS는 유투브와 트위터 등의 SNS를 통해 음악을 세계에 알렸다. BTS는 '트위터 최다 활동 남성그룹 부문' 기네스 세계기록에 등재됐다.

콘텐츠 산업 수출액 추이

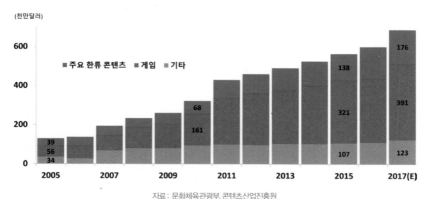

자료 : 문화체육관광부, 콘텐츠산업진흥원
주 1 : 주요 한류 콘텐츠에는 캐릭터, 음악, 방송, 광고, 영화로 구성됨 | 주 2 : 기타에는 출판, 만화, 지식정보 등을 포함함

문화는 경제를 움직인다

한류문화는 관광산업을 견인한다. 해외여행객 입국자수는 2005년 602

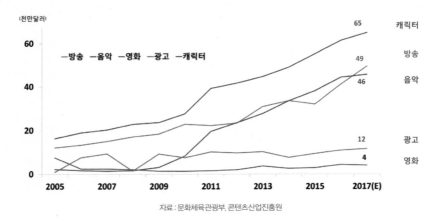

주요 한류 콘텐츠 수출액 추이

(천만달러)

—방송 —음악 —영화 —광고 —캐릭터

캐릭터 65

방송 49

음악 46

광고 12

영화 4

2005 2007 2009 2011 2013 2015 2017(E)

자료 : 문화체육관광부, 콘텐츠산업진흥원

만 명에서 2016년 1,724만 명으로 증가했다. 사드배치와 같은 정치적 갈등 등의 이유로, 중국 관광객이 크게 줄어 2017년에는 1,334만 명으로 줄긴 했지만, 기존 년도와 비교해 보면 여전히 큰 규모를 기록하고 있다. 2018년 8월까지는 987만 명의 입국자 수를 기록하고 있지만, 12월까지 2017년 수준을 크게 초과할 것으로 전망된다.

나팔바지가 유행하던 시절이 있었다. 미국 팝송의 영향이었다. 쌍절곤이 유행하던 시절도 있었다. 중국 영화의 영향이었다. 필자가 직접 경험한 시절은 아니지만, 그토록 유행했기 때문에 익히 알고 있다. 필자는 워크맨이 유행하던 시절을 겪었다. 거리의 많은 학생들이 이어폰을 꼽고 노래를 흥얼거렸던 모습을 기억한다. 일본 만화와 드라마가 한몫했던 모양이다. 영화, 드라마, 음악, 출판 등의 문화콘텐츠는 그 자체에 열광하는 것에서 머물지 않고 그 삶의 양식을 동경하게 만든다. 시청자, 청취자, 독자

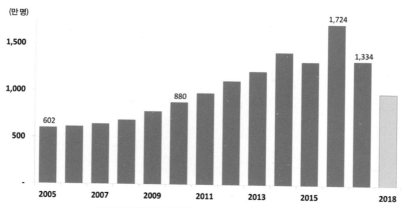

해외여행객 입국자수 추이

(만 명)

자료 : 문화체육관광부, 관광지식정보시스템 | 주 : 2018년은 8월 기준임

들을 소비자로 만드는 힘이 있는 것이다.

이제는 외국인들이 한국산 제품에 열광하고 있다. 한국산 화장품과 액세서리로 한껏 멋을 내고, 한국산 자동차를 타고, 한국산 휴대폰으로 연락하고, 한국산 음식을 먹고 맥주를 마신다. 한국 드라마와 영화에 노출된 제품들에 호감을 갖고, 영화배우와 가수가 광고하는 제품을 동경하게 되었기 때문이다. 한류는 외국인 시청자, 청취자, 독자들을 소비자로 만들었다. 1990년대 후반 한국 드라마 수출로 일본, 중국, 동남아 등을 중심으로 한류 현상이 본격화된 이후 현재 한국 문화 전반에 대한 관심이 확산된 것이다.

전통적으로, 한국정부는 하나의 큰 성과를 올리고 나면 그 분야에 전폭적인 예산 등의 지원이 집중되는 경향을 보여 왔다. 2002년 월드컵 4강 신화 이후 축구 선수 양성 등의 분야에 상당한 정책적 지원이 집중되었다. 2013년에 나로호 발사에 성공하고 우주산업의 R&D 예산이 급증했다. 이런 일들은 이 외에도 숱하게 많았다. 2018년 BTS가 세계적인 기록을 달성하고, 의미 있는 자리에서 한국인의 자긍심을 고취시킨 이 사건은 2019년 문화콘텐츠 산업 및 이를 활용한 관광과 소비재 수출을 진흥하기 위한 정책적 노력이 집중되는 계기를 마련했다고 평가된다.

BTS, 정부정책과 기업 경영에 주는 울림

외국의 영화와 드라마가 유행하고, 팝송을 즐겨듣던 시절엔 그 나라의 문화를 동경했다. 그리고 그 나라의 패션, 음식, 자동차, 전자제품을 구입했다. 외국의 문화가 그 나라의 경제를 움직인 것이다. 최근 한국의 주력 산업들이 신흥국들에게 1위 자리를 빼앗기고 있다. 한국의 미래 먹거리를 책임질 새로운 산업이 필요한 시점이다. 문화콘텐츠 강국으로 부상해야 할 시점인 것이다.

　콘텐츠 산업은 청년 고용문제의 해결책이 될 수 있다. '고용'은 현 정부의 핵심 정책 과제임에도 불구하고, 해결될 기미가 보이지 않고 있다. 경제가 불확실하다 보니, 투자를 늘리지 못하고 일자리가 만들어지기 어렵다. 기업들은 인력이 필요하더라도 '경력직'만 채용하고 있어, 청년들의 취업문은 높아만 가고 있다. 콘텐츠 산업의 취업자는 청년층이 30.6퍼센트, 30대가 46.6퍼센트로 구성되어 있다. 전 산업의 평균이 각각 14.8퍼센트, 21.5퍼센트로 구성되어 있는 것과는 상반된 구조다. 콘텐츠 산업을

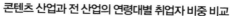

콘텐츠 산업과 전 산업의 연령대별 취업자 비중 비교

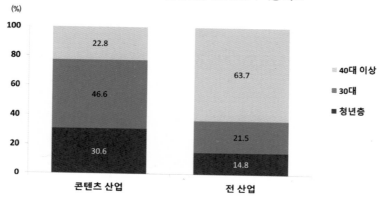

자료 : 문화체육관광부, 통계청 데이터 이용 추계 | 주 : 통계적 비교를 위해 2016년 데이터를 사용

육성해 청년 고용을 늘릴 수 있는 방안을 모색할 필요가 있다.

기업들은 한류문화와 소비재 수출을 연계해 한국의 브랜드 및 제품을 세계에 지속적으로 전파하는데 활용해야 한다. '코리아 브랜드&한류상품 박람회(KBEE)'는 중소기업들이 해외 시장을 개척하기 위해 한류 문화 콘텐츠가 활용되는 좋은 예이다. 이러한 이벤트가 더욱 확대되고, 기업들이 적극적으로 참여할 수 있도록 여건을 조성해야 한다. 특히, 최근 한류국으로 부상하는 주요국들을 중심으로 소비재 수출 확대를 위한 마케팅 방안을 마련해야 한다. 중소기업들은 좋은 아이디어와 제품이 있어도 해외시장개척 및 차별화된 마케팅 능력이 부족한 경우가 많다. 코트라(KOTRA), 무역협회 등의 수출 지원책을 활용해 콘텐츠 수출을 넘어 소비재 수출을 진흥할 필요가 있다.

CHAPTER 5

고령사회의 진입과 시니어 비즈니스

Economic Outlook for 2019

UN의 정의에 따르면, 65세 이상의 고령층이 전체 인구의 7퍼센트 이상이면 고령화사회(aging society), 14퍼센트 이상이면 고령사회(aged society)로 분류한다. 한국의 고령층 비중은 2017년 13.8퍼센트에서 2018년 14.3퍼센트로 상승해, 고령화사회에서 고령사회로 분류가 바뀌게 되었다.

한국은 세계적으로 고령사회에 가장 빠르게 진입(aged society enter)한 국가로 손꼽힌다. 한국은 2000년에 처음 고령화사회에 진입했고, 18년 후인 2018년에 고령사회로 진입했다. 초고령사회로의 진입은 8년 후로 예상되며, 이는 다른 선진국 대비 가장 빠른 고령화 속도다. 미국, 일본, 독일은 고령사회로 진입하는데 각각 73년, 24년, 40년이 소요되었다고 하니, 한국의 고령화 속도가 얼마나 빠른지 실감할 수 있다. 앞으로 한국 정부와 기업은 정책 및 전략 수립 시 고령화이슈에 대한 각별한 관심을 가져야한다.

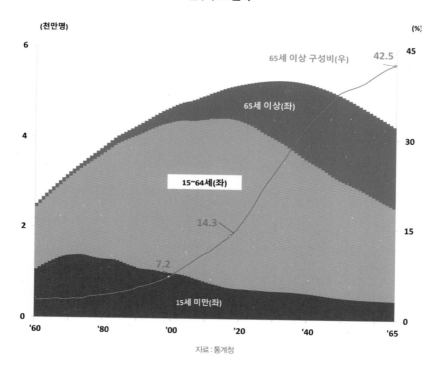

인구구조 변화

(천만명)

65세 이상 구성비(우) 42.5

65세 이상(좌)

15~64세(좌)

14.3

7.2

15세 미만(좌)

자료 : 통계청

주요 국가별 고령화 현황

		한국	미국	일본	독일
도달연도	고령화사회 (고령인구 7%)	2000	1942	1970	1932
	고령사회 (고령인구 14%)	2018	2015	1994	1972
	초고령사회 (고령인구 20%)	2026	2036	2006	2009
도달연수	고령사회	18	73	24	40
	초고령사회	8	21	12	37

자료 : 통계청

2019년은 고령사회 대응의 해

2010년대에 접어들면서부터, 사회 각층에서 고령화 문제와 대응책에 관한 논의가 물밀 듯 일어났다. 노인 빈곤율이 심화되고, 생산가능인구가 줄어드는 데다 노년부양부담까지 확대되는 등의 다양한 사회경제적 위협요인들이 즐비하다는 것이 그 배경이다. 그러나 하나의 현상이 등장하면, 위협만 있는 것이 아니라 기회도 있는 법이다. 어떤 기회가 있는지도 모색해 볼 필요가 있는 것이다. 때문에 우리는 고령사회가 주는 긍정적인 기회요인에 대한 논의도 이어나가야 한다. 고령사회 진입에 따른 문제점을 파악하고, 정책적으로 사회적으로 어떻게 대응해 나가야 할지 충분한 고민이 필요하다.

그동안 우리 사회가 고령사회 문제에 집중했던 것은 '노년층은 일을 할

고령층의 특징 변화

구분	기존 노령층	액티브 시니어
세대 특성	수동적, 보수적, 동질적	적극적, 다양성, 미래 지향적
경제력	독립적, 경제력 보유층 적음	독립적이며 경제력 보유층이 두터움
노년의식	인생의 황혼기	새로운 인생의 시작
가치관	본인을 노년층으로 인식	실제 나이보다 5~10살 젊다고 생각
소비관	검소함	합리적인 소비 생활
취미활동	취미 없음, 동일 세대간 교류	다양한 취미, 다른 세대간 교류
레저관	일 중심, 여가 활동에 미숙	여가에 가치를 두며 생활
여행	단체여행 선호, 효도 여행 중심	여유 있는 부부여행, 자유 여행
노후준비	자녀세대에 의존	스스로 노후 준비
보유자산	자녀에게 상속	자신의 노후준비를 위해 사용

수 없거나, 노년층은 빈곤하다'는 인식이 전제되어 있었기 때문으로 보인다. 전제가 잘못되면, 유추된 결과물도 잘못되기 마련이다. 미래 시대의 노년층은 과거와 다를 것이다. 전과 다른 미래의 새로운 노년층을 나타내는 용어가 바로 액티브 시니어(active senior)다.

액티브 시니어의 등장

액티브 시니어는 '건강하고 활동적인'을 의미하는 단어 액티브(Active)와 '연장자'를 의미하는 시니어(Senior)가 합쳐진 신조어다. 이 액티브 시니어가 고령사회의 핵심 소비주체 역할을 할 것으로 기대되고 있다.

일반적으로 떠올릴 수 있는 과거의 노년층은 일할 여력이 없거나, 빈곤 수준이 높은 것으로 묘사된 반면, 액티브 시니어는 높은 자산과 소비여력을 가지고, 스포츠나 문화를 즐기며 사회적 영향력을 행사한다는 점에서 차이를 보인다. 또한 액티브 시니어는 기존의 노년층의 대다수가 즐겨하던 일들, 예를 들어 소일거리를 하거나, 손주를 돌보는 등에 시간을 쏟지 않는다. 액티브 시니어는 고자산 기반의 안정된 소비여력을 갖추고 있으며, 자신을 위해 소비를 한다는 특징을 가진다. 이들은 디지털 세상에 익숙하기 때문에 스마트폰을 즐겨 사용하고 자신만의 패션 코드를 가지고 있다.

즉, 건강하고 아름답게 삶을 가꾸는 '웰에이징(well-aging)'을 추구하는
삶을 사는 것이다.

시니어 비즈니스 시장의 성장

주요 소비층으로 부상한 시니어들을 겨냥한 비즈니스 시장이 커지고 있
다. 한국보건산업진흥원에서 추산한 고령친화시장 규모는 금융업을 제
외하고 2012년 27조 4,000억 원에서 2015년 39조 3,000억 원으로 약
43퍼센트 성장했다. 고령친화시장은 2015년부터 매년 13.1퍼센트 수준
의 성장률을 기록하고 있으며 이 추세는 계속 이어져서 2020년에는 약
72조 8,000억 원 규모에 달할 것으로 전망된다.

　이와 같이 시니어를 주요 타깃으로 한 시니어 비즈니스의 성장세는 지

고령친화시장 규모 추이 및 전망

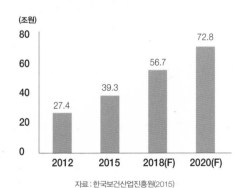

자료 : 한국보건산업진흥원(2015)

시니어 비즈니스 관련 카테고리 구분

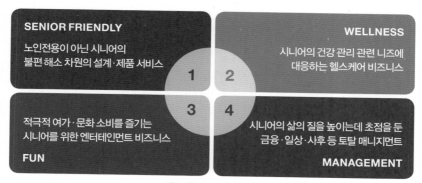

자료 : 삼정KPMG 경제연구원

속될 전망이다. 소비여력을 갖춘 시니어를 잡기 위해 다양한 산업군에서 전략 마련에 집중하고 있다. 특히 액티브 시니어는 경제력을 바탕으로 기존 노년층과는 다른 새로운 라이프 스타일을 지향하고 있으므로 이런 특성은 향후 다수 기업들의 비즈니스에 큰 영향을 미칠 것으로 예상된다.

이쯤에서 고령사회에 먼저 진입한 주요국들의 사례에 집중해 볼 필요가 있다. 시니어 비즈니스에 성공적으로 대응한 몇몇 기업의 사례를 살펴보면 어떻게 접근해야 할지 상당 부분 방향성이 나올 것이다. 우선, 다양한 산업군에서 시니어 비즈니스에 대응한 주요 사례들을 4가지 카테고리로 나눴다. 시니어들에게 노인 전용의 콘셉트보다는 제품 · 서비스의 사소한 불편해소를 지원하는 전략인 'Senior Friendly', 건강관리에 관심 많은 시니어 니즈에 대응하는 'Wellness', 여가에 대한 시니어들의 열망에 부응하여 시니어를 위한 다양한 엔터테인먼트 서비스를 제공하는 'Fun', 금융 · 일상 · 사후관리 등 다양한 분야에서 체계적인 관리 서비스를 제공하는 'Management'로 구분해 보았다.

시니어 친화적 전략(Senior Friendly)

시니어계층이 주요 소비층으로 떠오르면서 많은 기업들은 시니어 계층
이 불편하다고 느낄 수 있는 작은 부분까지 배려한 제품·서비스를 제공
했다. 주요 기업들이 인구구조 변화에 주목하면서 대응 중인 가운데 이들
기업의 시니어 맞춤 상품·서비스는 대다수가 '노인전용'을 전면에 부각
시키지 않는다. 시니어층의 불편해소를 눈에 보이지 않는 곳에서 세심히
신경 쓰는 식의 '시니어 친화적' 설계를 지향하고 있기 때문이다.

일례로 독일의 대형 슈퍼마켓 체인 중 하나인 카이저(Kaiser's)는 매장
의 복도를 넓히고, 진열대 위에 돋보기를 설치하는 등 시니어 친화적 경
영전략을 펼치고 있다. 카트에 의자 기능을 부가하여 시니어가 쇼핑하기
좋은 환경을 마련하고, 마트 내 제품 안내 문구를 크게 설계하는 등의 세

카이저의 시니어 프랜들리 쇼핑 카트 사례

자료 : Kaiser's

심한 배려를 곳곳에서 볼 수 있다. 독일의 베이비부머 세대가 노년층에 진입하는 과정에서 거대 시니어 소비층으로 여겨지는 그레이 달러(gray dollar) 세대에 집중한 사례로 평가된다.

시니어의 건강을 위한 헬스케어 비즈니스(Wellness)

일반적으로 구매력이 있는 시니어들은 건강을 위한 투자 욕구가 매우 높은 경향을 가지고 있다. 여행이나 스포츠 등의 다양한 취미를 즐기고, 폭넓은 사회활동에 참여하는 액티브 시니어는 건강한 몸을 유지하는 것을 필수적으로 인식한다. 이러한 트렌드에 맞춰 기업들은 식품, 건강진단, 스포츠, 통신 등 다양한 산업에서 시니어의 건강관리 욕구에 맞춘 맞춤 상품과 서비스를 앞다퉈 출시하고 있다.

일본의 NTT 도코모사는 건강관리에 관심이 많은 시니어층을 대상으

NTT 도코모 헬스케어 모델　　　　　**웨어러블 헬스케어 기기**

블루투스　데이터 자동수집　NTT 도코모

맞춤형
건강서비스

헬스케어 사업자
- ✓ Fitness club
- ✓ 다이어트 서비스
- ✓ 건강관리 ASP

데이터 수집
메시지 관리
기기 관리

데이터 제공

자료 : NTT 도코모

로 한 스마트폰인 라쿠라쿠폰(RakuRaku Smartphone)을 출시·제공했다. 라쿠라쿠폰은 GPS 및 혈압계, 맥박계, 만보기 등의 다양한 건강관리 기능을 제공한다. 더불어 NTT 도코모는 만보기, 체중계, 혈압계 등에서 측정된 고객의 체중, 혈압 등의 신체 데이터를 휴대폰을 통해 자동으로 수집·전송하도록 해, 개인 맞춤형 건강 서비스인 모바일 헬스케어 서비스를 제공하고 있다.

시니어의 즐거운 문화·여가·소비 생활(Fun)

퇴직 후의 액티브 시니어들은 제2의 인생을 꿈꾸며 새로운 직업에 도전하거나, 지인들과 평소 쉽게 다니지 못했던 여행을 다니는 등 적극적인 활동을 펼친다. 통계청 데이터를 통해서 보면 적극적으로 여가생활을 즐기는 시니어의 비중이 점차 늘어나고 있는 것을 확인할 수 있다. 문화, 예술 및 스포츠 관람을 한다고 응답한 시니어 비율은 50대와 60세 이상에서 모두 증가하는 추세다. 레저시설 이용률 역시 마찬가지로 시니어 계층을 중심으로 증가하고 있다.

미국의 한 유명 사례를 살펴보자. 미국 매더라이프웨이즈(Matherlife-ways)는 모어댄어카페(More Than a Cafe)를 설립해 시니어의 아지트를 제공한다. 이 공간은 카페(café)와 캠퍼스(campus), 공동체(community) 기능이 하나로 합쳐져 있다. 단순히 커피를 마시는 곳이 아니라 친구들과의 놀이 공간, 학교, 레스토랑이 모두 합쳐진 시니어들의 복합문화공

모어댄어카페

자료 : Mather's

간으로 설계된 셈이다. 이렇듯 모어댄어카페는 시니어 이터테인먼트 (Eatertainment, Eat+Entertainment)를 제공하고 있다. 이곳 카페에서 시니어들은 세련된 분위기 속에서 시니어의 신체적, 심리적, 사회적 특성을 잘 아는 직원들의 친절한 서비스를 제공 받으며 비교적 저렴하고 질 높은 식사를 할 수 있다. 그뿐만 아니라 이곳에는 음식, 건강, 여행 및 컴퓨터 활용 강좌 등 다양한 프로그램이 개설되어 있다.

은퇴 후의 삶을 설계하는 라이프 매니지먼트(Management)

액티브 시니어들은 자신이 퇴직 전까지 축적한 자산의 효율적인 관리에 대해 많은 관심을 가지고 있다. 투자자문 및 자산관리와 더불어 건강 및 취미, 라이프 플랜 등 은퇴 이후 30여년의 삶을 관리해주는 라이프 매니지먼트 서비스는 이러한 시니어들의 욕구를 충족해준다. 특히, '은퇴설계'는 제 2의 인생이라 불리는 퇴직 후의 삶을 건강하고 활기차면서도 안정되게 보내기 위해 필수적인 항목이기에 관련 비즈니스에 대한 수요가 높다.

시니어의 삶은 앞으로 은퇴 후 소득 발생 여부, 자산 보유 여부, 연금 수령액 등과 그에 따른 재무관리 서비스를 어디서 어떻게 받느냐에 따라 삶의 질이 달라질 것이다. '컨시어지 서비스'(맞춤 비서 서비스)는 대표적인 금융사의 비금융서비스로, 금융사들은 다양한 서비스 전략을 통해 자산 보유 규모가 큰 시니어 고객을 유치하기 위해 노력하고 있다.

대표적인 라이프 매니지먼트 전략을 보여주고 있는 곳은 미국의 다국적 금융 서비스 기업 웰스파고(Wells Fargo)사다. 웰스파고는 시니어 고객 전용 회원제 프로그램인 엘더케어 프로그램(Elder Care Program)을 운영하고 있다. 이 프로그램은 신체의 변화로 불편을 겪는 시니어가 이전

엘더케어 프로그램(Elder Care Program)

식사
병원 예약 및 약 처방
집안관리
장례계획 지원
심부름
퇴직 커뮤니티

자료 : 웰스파고, 〈월스트리트저널〉

과 같은 삶의 질을 유지할 수 있도록 지원해주는 서비스다. 65세 이상 고객 중 관리자산 35만~100만 달러 이상인 고객을 대상으로 하고 있으며, 병원 예약, 간병인 등 의료서비스뿐만 아니라 식사, 심부름, 집수리 등의 생활서비스와 라이프 플랜 설정까지 지원해준다.

2018년 고령사회에 진입한 한국은 2019년 복지정책, 고용정책 등에 걸쳐 상당한 변화가 있을 것으로 예상된다. 기업들도 변화한 사회에 맞게 적절한 대응을 해 나갈 것으로 보인다.

시니어 비즈니스 진출 전략

인구구조가 변화하고 있다. 기업입장에서는 시장구조가 변화하는 것이다. 단기적인 관점에서 시니어 비즈니스에 투자하는 것이 부담이 될 수 있지만, 중장기적인 관점에서 대응책을 마련하는 것은 필수적인 일이 될 것이다. 시니어 비즈니스라는 새로운 비즈니스 영역으로 사업을 다각화할 수도 있을 것이며, 기존 사업영역 내에서 시니어 비즈니스적인 관점에서 접근하는 방법도 가능할 것이다. 액티브 시니어가 주로 향유하는 문화 오락서비스나 플랫폼 개발이 필요할 수 있다. 핵심 소비주체로 등장할 액티브 시니어에게 맞춤화된 제품 카테고리를 개발하고, 시니어 친화적 쇼핑 환경을 조성하는 등의 전략도 요구된다. 시니어의 라이프 스타일에 맞춤화된 복합문화공간을 조성하거나 여가 프로그램을 기획하는 등 다양한 기회를 모색할 필요가 있다.

CHAPTER 6

남북경협의 기대와 불신

Economic Outlook for 2019

2018년 4월 27일, 남북정상회담이 개최되었다. 11년 만의 일이다. '판문점 선언문'을 통해 한반도의 평화와 번영 및 통일을 위해 노력할 것을 다짐했다. 남북한 상호이해와 공동이익 증진을 위한 교류협력을 추진하고, 이산가족상봉 및 이산가족문제 근본적 해결을 위해 노력할 것을 약속하는 등 상당한 성과가

있었다.

2018년에 5월 26일 제2차 남북정상회담이 판문점 북측지역 통일각에서 개최되었다. 2018년 1차 남북정상회담과 다르게 예보 없이 열린 깜

자료: 통일부

짝 회담이다. 당시 6월 12일 북미정상회담 개최가 계획되었었지만, 북미간의 긴장으로 성사 여부가 불투명한 상황이었다. 본 회담은 6.12

북미정상회담이 성공적으로 이루어지고, 한반도의 비핵화와 평화 체제를 구축하도록 상호 긴밀히 협력할 것을 약속한 의미가 있었다. 세 번째 남북정상회담은 2018년 9월 18일 평양에서 개최되었다. 이번 3차 남북정상회담은 비핵화를 포함하여, 군사, 경제, 이산가족 등 다양한 분야의 합의가 9·13평양 공동선언을 통해 공식적으로 발표되었다는 점에서 의미가 있다. 먼저, 비핵화 분야는 동창리의 엔진 시험장과 대륙간 탄도 미사일 발사대를 유관 기관 참관아래 영구적으로 폐기하며, 미국의 상응 조치에 따라 영변의 핵 시설 역시 영구적으로 폐기할 것을 약속했다. 경제 분야는 비핵화 관련된 조건과 여건이 마련되면, 2018년 안에 서해 및 동해선 철도와 도로 착공식을 하며, 서해 경제 특구 와 동해 관광 특구를 개설할 것을 계획했다. 개성 공단과 금강산 관광을 정상화도 적극 추진할 계획이다. 한편, 이산가족 분야는 이산가족 상시 면회소를 설치하며, 향후 화상 상봉도 추진하기로 했다.

2018년 한해 3차례의 남북정상회담뿐만 아니라 고위급 회담 및 실무 협의가 수차례 개최되었다. 2018년 6월 12일 북미정상회담도 개최되었다. 사상 최초의 북미 정상회담이다. 북미 정상은 각각 통역사만 대동한 채 약 35분 동안 단독회담을 실시했다. 단독 회담이 종료된 뒤에는 양측 참모진이 배석하는 확대정상회담이 곧바로 진행됐다. 북미 정상은 공동합의문에 서명했다.

6.12 북미 정상의 공동합의문 서명 내용

북미 관계 정상화 추진	1. 양국은 평화와 번영을 위한 양국 국민의 열망에 따라 새로운 미-조 관계를 수립할 것을 약속한다.
평화체제 보장	2. 양국은 한반도에 항구적이고 안정적인 평화 체제를 구축하기 위한 노력에 동참할 것이다.
완전한 비핵화	3. 조선민주주의인민공화국은 2018년 4월 27일 '판문점 선언'을 재확인하고 한반도의 완전한 비핵화를 위해 노력할 것을 약속한다.
6·25 전쟁 전사자 유해송환	4. 양국은 이미 확인된 전쟁 포로 유골의 즉각적인 송환을 포함해 전쟁포로와 실종자의 유해 복구를 약속한다.

자료 : 2018 남북정상회담 준비위원회

트럼프 대통령은 북미 정상회담 종료 후 열린 기자회견에서 "조만간 실제로 종전 선언이 있을 것"이라고 밝혔으며, 한미연합훈련을 중단하겠다고도 말했다. 또 '완전한 비핵화'와 관련해 김정은 북한 국무위원장이 북한 미사일 엔진 실험장 폐쇄를 약속했다며, "많은 사람을 투입해 북한의 비핵화를 검증할 것"이라고 밝혔다. 아울러 적절한 시기에 평양을 방문할 것이라고도 밝혔다.

최근 남북관계 주요 일지

구분	주요 내용
'17. 7. 6	– 문재인 대통령, 독일에서 '베를린 구상' 발표(5대 기조·4대 제안 제시)
'18. 1. 1	– 北, 신년사를 통해 평창동계올림픽 대표단 파견 시사
4. 27	– 문 대통령·김정은 국무위원장 정상회담(판문점 남측 평화의 집) : 공개 회담
5. 26	– 문 대통령·김정은 국무위원장 정상회담(판문점 북측 통일각) : 비공개 회담
8. 15	– 문 대통령, 8.15 경축사에서 경협 재개 시 접경지역에 통일경제특구 조성 시사
9. 18	– 문 대통령·김정은 국무위원장 정상회담(판문점 북측 통일각) : 비공개 회담

자료 : 연합뉴스 등 언론매체의 보도를 참고해 현대경제연구원 구성

남북경협 전망

2019년에는 북한과의 실무회담이 진전되고, 비핵화를 위한 움직임이나, 개성공단 재가동 및 금강산 관광 재개 등 다양한 경제 개방이 가속화될 것으로 기대된다. 물론, 그동안의 북한에 대한 불신이 온전히 사라지기는 어려워, 북한의 비핵화를 위한 실질적인 움직임 정도가 남북경협의 기대를 더 크게 불러올 것으로 예상된다. 북한이 비핵화를 위한 노력이 지속적으로 보여진다는 전제하에 건설·철도·에너지 등의 인프라 개발, 자원개발, 관광 기획, 대북 지원 등의 다양한 사업이 분주하게 진행될 것으로 가능성이 있다. 북한의 비핵화 추진 여부에 관한 불신도 상당하지만, 그 움직임이 지속될 경우 2019년에는 남북경제협력이 순조롭게 이행될 것으로 전망된다.

『한 권으로 먼저 보는 2019년 경제 전망』은 스팁 모델(STEEP me-thod)를 이용하여 종전 이후의 한반도 내 주요 메가 트렌드를 도출했다. S는 Society(사회)를, T는 Technology(기술)를, E는 Environment(환경)를, E는 Economy(경제)를, P는 Politics(정치)를 각각 의미한다. 스팁 모델은 메가 트렌드를 분석하는데 널리 활용되는 정성적 분석방법론으로 사회 · 기술 · 환경 · 경제 · 정치라는 각각의 분야에서 일어나는 현상을 분석한다.

STEEP을 통한 한반도 미래전망

부문	메가 트렌드
Society 사회	− 이산가족 상봉과 문화교류 추진 − 정치적 이념 및 문화 차이 등에 대한 사회적 합의를 이루기 위한 캠페인이나 교육 확대
Technology 기술	− ITS(Intelligent Transport System), Smart Grid + ESS(Energy Storage System), 5G 등의 인프라 기술들에 관한 R&D 집중 − 우주/위성 기술, 자원탐사 기술 고도화
Environment 환경	− 관광특구 조성 및 핵처리 안전화, 환경이슈 제기 등 다양한 현안 등장
Economy 경제	− 남북 경협 재개와 개성공단 재가동 − 건축(상업용, 주거용), 인프라개발(교통, 통신, 물류, 에너지 등) 활성화 − 교육 시스템 및 의료서비스 공급 확대 − 육상물류(TKR+TSR) 확대에 따른 국내 기업들의 물류 효율화
Politics 정치	− 새로운 조류의 국제정치 기조 형성 − 평화 및 사회통합을 강조하는 방향의 국내 정치 기조 강화

자료 : Inter Biz

가장 먼저, Society(사회)관점에서는 이산가족 상봉과 문화교류 추진이 본격화 될 전망이다. 청와대는 2018년 10월 중에 적십자회담을 개최해서 면회소를 상시적으로 운영하고 화상상봉 및 영상편지를 교환하는 방안에 대해서 협의해 나가기로 했다"고 발표했다. 2020년 도쿄올림픽의 단일팀 종목구상 등에 관한 협의도 실질적으로 이루어질 전망이며, 문화재 행사에 북측에서 소장하고 있는 문화재를 전시하는 방안도 협의를 통해 진행해 나갈 것이다.

이후 사회적 합의 도출을 위한 움직임이 강하게 나타날 것으로 전망된다. 분절된 상황이었다면 모르지만, 교류가 빈번해지면서 차이를 좁히는 노력이 요구되기 때문이다. 비단 남북의 관계가 아니더라도, 일반적으로 나타나는 지역 간의 갈등뿐만 아니라 빈부, 세대, 성별에 따른 갈등 등 차이로 인한 갈등은 빈번하다. 더욱이 정치적 이념 및 문화 차이에 따른 갈등이라면 말할 것도 없다. 때문에 사회적 합의를 이루기 위한 캠페인이나 공동체 문화 교육 등이 확대 필요는 더욱 커질 것으로 전망된다.

두 번째로, Technology(기술)관점에서는 인프라 관련 기술들에 관한 R&D로 많은 관심이 집중될 전망이다. 북한의 인프라개발 산업을 중심으로 산업 활성화가 진전되고, 해당 산업을 중심으로 더욱 선진화된 기반 기술들이 확산 적용될 가능성이 크기 때문이다. 대표적으로 ITS(Intelligent Transport System, 지능형교통시스템), Smart Grid + ESS(Energy Storage System, 에너지저장시스템), 5G 등을 해당 산업의 예로 들 수 있다. 앞으로 교통 · 에너지 · 통신 인프라 기술들에 관한 R&D가 더욱 집중되고, 산업 활성화가 기대될 것으로 전망된다.

세 번째는 Environment(환경)이다. 이와 관련해서는 관광특구 조성 및 핵 처리 안전화, 환경이슈 제기 등의 다양한 현안들이 등장할 것으로 보인다. 금강산뿐만 아니라 비무장지대, 개성공단 등 관광특구를 조성하고,

국내외 관광객도 확대될 전망이다. 비핵화 추진의 과정에서 핵무기 및 핵폐기물 처리에 관한 논의가 진전됨과 동시에 야생동물 및 산림 보존이나 수자원 보호 등 다양한 환경이슈도 논의 대상이 될 것으로 보인다.

　다섯 번째, Economy(경제)관점에서는 북한 경제특구 조성 등에 따라 세계의 이목이 집중될 전망이다. 남북 경협이 재개와 함께 개성공단이 재가동되고, 주요 기업들의 리쇼어링(reshoring)이 이어질 것이기 때문이다. 법인세 절감이나, 규제완화 지역 조성 등 다양한 리쇼어링 정책들이 전개될 것으로 예측된다. 개성공단뿐만 아니라 인력부족에 어려움을 겪고 있는 중소기업들에 북한의 노동력이 활용될 수 있다. 이로 인해 생산성이 제고되고, 경쟁력이 강화될 전망이다. 북한의 주요 저개발 지역을 중심으로, 상업과 주거용 건축 개발이 활발히 이루어지고, 다양한 인프라(교통, 통신, 물류, 에너지 등)가 확장됨에 따라 제2의 전성기가 도래할 수 있을 것으로 기대된다.

　그 밖에도 육상물류(TKR+TSR)시설이 확대되면, 국내 기업들의 물류 효율화 달성이 가능할 것으로 보인다. 교육 시스템이나 의료서비스의 공급도 속도를 보일 것이다. 특히 기대를 모으는 것은 한반도를 이어줄 철도다.

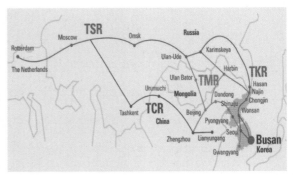

육상 물류(TKR+TSR) 확대에 따른 국내 기업들의 물류 효율화 달성이 가능할 것으로 보인다.
자료 : GLOBAL ADVISORY ALLIANCE | 주 : TKR(한반도종단철도), TSR(시베리아횡단철도), TCR(중국횡단철도), TMR(몽골횡단철도)

TKR(Trans Korea Railroad)은 한반도종단철도를, TSR(Trans Siberian Railroad)은 시베리아횡단철도를 의미한다. 주요 화물을 철도운송을 이용해 유럽에 수출하게 되니 물류비는 대폭 줄어들 것이다.

청와대는 "평양공동선언에서 동해·서해선 철도와 도로의 착공식을 연내에 개최한다고 밝혔기 때문에 연내 착공식을 하기 위해서는 10월 중으로 현지 조사가 착수돼야 한다"며 "현지 공동 조사와 관련해 유엔사와 협의를 실시하기로 했다"고 밝혔다. 2018년 말까지 철도와 도로 착공식이 이행되면, 2019년 한해 다양한 인프라 산업 발주와 수주가 본격적으로 이루어질 것으로 보인다.

다섯 번째, Politics(정치)의 관점에서는 국제정치 기조의 엄청난 변화가 이루어질 전망이다. 북-중-러를 중심으로 한 정치동맹과 한-미-일을 중심으로 한 정치동맹 간의 대립구조가 허물어질 전망이다. 곧 아래에서 소개할 북한의 개방모델이나 북미 정상회담 추진 현황 등을 통해 윤곽이 나타나고 있는 상황이다. 이 과정에서 북한과 중국의 전통적 동맹관계는 약화될 것으로 보인다. 다양한 정책공약을 통해 밝혀지겠지만, 국내 정치 기조도 평화와 사회통합을 강조하고, 북한과의 경제협력을 지원하는 정치기조가 강화될 전망이다.

북한의 개방모델

이쯤에서 북한이 어떻게 개방해 나갈 것인지가 궁금해진다. 여러 언론을

베트남식 개방 모델의 주요 특징은 시장 개방을 통해 해외 자본을 적극 유치함으로써 경제를 성장시키는 것이다. 자료 : Business Insider

통해 방향성이 어느 정도 정해진 모습이다. 북한의 김정은 국무위원장은
중국식 발전모델 보다는 베트남식 개방모델을 선호한다. 중국과만 교류
해 온 김정일 국방위원장과는 달리, 김정은 위원장은 스위스 유학경험을
바탕으로 서유럽의 발전상을 체감하면서 서구식 제도 도입의 필요성을
느낀 것으로 추정된다. 중국도 개혁 · 개방을 전개해 왔지만, 경제적 여건
등을 감안할 때 베트남식 개방이 북한에게 현실적으로 적정한 모델이라
는 평가도 있다.

베트남식 개방모델은 흔히 1986년 '도이머이(쇄신)'정책으로 요약된
다. 이 용어는 '쇄신'을 뜻하며 사회주의 기반의 시장 경제적 목표를 달성
하기 위해 주창한 개혁 정책이다. 베트남은 도이머이 정책 실시 이후 외
국자본 유입이 급증했고, 연평균 7.6퍼센트라는 고도성장을 경험했다.
그리고 2006년 12월 세계무역기구(WTO)에 150번째 회원국이 되었다.
베트남식 개방모델의 특징은 미국과의 관계 개선이 전제된 것으로, 시장 개방을 통해 해외 자본을 적극 유치함으로써 경제를 성장시키는 것이다. 중국과의 교류 경험이 거의 없는 김 위원장은 '혈맹'임을 위시해 북한을 속국으로 인식하는 중국에 대한 거부감을 가졌던 것으로 평가된다.

한편, 비핵화 의지를 표명하면서 주한미군 철수에 대해서는 거론하지 않았던 북한의 태도는 주목할 만하다. 종전을 선언하고, 미국과의 관계를 개선해 나가는 과정에 있는 현시점에서 주한미군은 더 이상 위협의 대상이 아니라 우군 역할을 수행할 수 있기 때문이다. 다시 말해, 북한은 미국을 통해 중국을 견제할 장치를 갖추게 된 것이다.

개성공단 재가동

개성공단은 2000년 8월 현대아산과 북한 간 「공업지구개발에 관한 합의서」가 채택되면서 처음 가동을 시작했다. 2004년 6월 15개 기업이 시범단지 입주 계약을 체결했고, 2015년 12월말 기준 125개 기업이 입주했다. 당시 북측 근로자는 55,000여명이었고, 2005년 3월부터 2015년 12월말까지 누적 생산액은 약 32.3억 달러에 달했다. 그러나 2016년 1월 북한이 4차 핵실험 진행, 2월에는 장거리 미사일을 발사하면서 개성공단에 중단 결정이 내려졌다.

많은 사람들은 개성공단 철수에 관한 언론보도 내용을 기억하고 있기 때문에, 기업들이 다시 개성공단에 재입점하기를 꺼려할 것이라는 생각을 가지고 있다. 그러나 중소기업중앙회와 개성공단기업협회가 공동 조

경기 파주시의 1사단 일반 전방초소(GOP) 도라전망대에서 바라본 북한 개성공단 전경. 자료 : Business Insider

사한 결과는 이와 달랐다. 개성공단 입주기업 중 96퍼센트가 재입주 의향을 밝힌 것이다. 정부는 입주사들의 직접적 피해에 대해 지원금을 제공했고, 그 밖에 자금·세제·대체생산·고용 등 분야별 지원 대책을 시행해 왔다. 결국 기업들이 두고 온 자산을 찾는 것도 중요하지만 저렴한 노동력을 활용할 좋은 기회이기 때문이다.

실제로는 제조업을 하는 기업뿐만 아니라, 다양한 산업에서 개성공단 입주 및 재입주를 희망하고 있다. 하지만 기업들이 경영활동을 하기 위해서는 우선, 보험, 자금마련 등의 금융서비스가 필요하다. 이에 따라 최근 IBK기업은행도 개성공단에 입점하기 위해 전략을 강구하고 있는 모습이다. 개성공단 입점기업을 대상으로 한 금융서비스도 있지만, 무엇보다 상징성이 매우 높고, 추후 남북경

CU 개성공단점 | 자료 : BGF리테일

협이 이루어지는 과정에서 다양한 기회가 찾아올 수 있기 때문이다.

한편 국내 편의점 업계에서 유일하게 북한에 입점해 있는 CU도 영업 재개 가능성에 높은 관심을 보이고 있다. 제조기업을 지원하는 편의시설로서 역할을 희망하고 있다. 이렇듯 다양한 산업 관점에서 남북경협에서 경제통합(Economic Integration)으로 발전하거나, 통일이 이루어질 때의 기대가치는 더욱 높다고 하겠다.

남북경협에 활용될 정부자금

4월 27일 남북정상은 도로, 철도 발전프로젝트를 우선 추진하기로 했다.

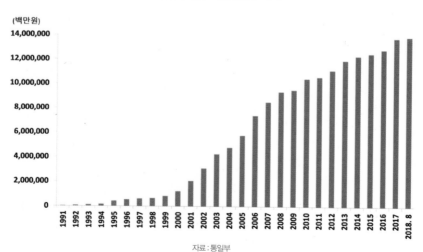

남북협력기금 조성현황(누적액)

자료 : 통일부

최근 5년간 남북협력기금 집행현황

(백만원)

구 분		자금종류	'13	'14	'15	'16	'17	'18.8	합계
경상 사업	남북교류 협력지원	인적왕래지원	−	460	−	−	74	2,284	2,818
		사회문화 협력지원	2,045	2,847	6,135	2,303	3,599	4,897	21,826
		경제교류 협력보험	177,144	52	77	295,353	97	7,495	480,218
		소 계	179,189	3,359	6,212	297,656	3,770	14,676	504,862
	민족공동체 회복지원	한반도통일 미래센터	14,285	23,397	4,781	4,122	4,193	2,201	52,979
		이산가족 교류지원	2,078	3,083	5,241	1,620	689	902	13,613
		인도적지원	13,251	14,765	12,127	633	1,322	526	42,624
		경협기반조성 (무상)	12,337	20,685	23,440	149,413	55,767	44,871	306,513
		소 계	41,951	61,930	45,589	155,788	61,971	48,500	415,729
	합계		221,140	65,289	51,801	453,444	65,741	63,176	920,591
융자 사업	인도적사업(융자)		−	−	−	−	−	−	0
	남북교류 협력지원	교역경협 자금대출	55,549	19,000	−	72,806	−	−	147,355
		−교역대출	−	2,993	−	−	−	−	2,993
		−경협대출	55,549	16,007	−	72,806	−	−	144,362
		경협기반조성 (유상)	19,094	3,289	3,556	3,201	2,656	2,100	33,896
	경수로사업	경수로사업대출	−	−	−	−	−	−	0
	합계		74,643	22,289	3,556	76,007	2,656	2,100	181,251
총계			295,783	87,578	55,357	529,451	68,397	65,276	1,101,842

자료 : 통일부

이미 우리 정부는 남북협력기금을 연간 3,000억 원이상 조성해 왔고, 누적기준 협력기금 잔액도 7.1조원에 달해, 당장 단기 프로젝트 추진에는 어려움이 없다는 게 업계의 판단이다. 장기적으로는 추가로 국제기구 중심의 협력기금이나 펀드를 조성, 신탁방식으로 가능하다. 남북협력기금 조성 현황(누적액 기준)을 아래 통계로 확인할 수 있다.

조성된 남북협력기금은 다양하게 집행되어 왔다. 정부는 남북관계의 본질적인 개선을 위해서는 남북관계를 종전의 대결구도에서 공존구도로 전환시키는 것이 필수적이라는 인식하에 대 북한 개방정책의 일환으로 1988년 7월 7일 이른바 7·7선언(민족자존과 통일 번영을 위한 특별선언)을 발표하였으며, 이 7·7선언에서 남한과 북한 주민의 상호 교류 방문을 허용하고, 남북한 교역의 문호를 개방하며, 국제사회에서 상호 협조하는 등의 정책방향이 제시됨으로써 남북한 관계가 새로운 전기를 맞게 되었다.

2019년 남북경협 전망과 준비

2018년에는 남북 정상회담이 3차례 이루어지고, 북미 정상회담도 성공적으로 개최되었다고 평가 받는다. 북한의 비핵화 의지가 지속될 경우, 2019년에는 남북미 정상회담이 개최되고, 경제적 협력 방안을 구체화하는 단계로 전환될 가능성이 있다. 수차례의 남북 실무자 회담이 개최되고, 금강산 관광 등과 같은 기존에 진행했었던 사업들부터 시작해 점차 남북경협을 넓혀갈 것으로 보인다. 개성공단이 재가동 되고, 제2의 공단

이 설계되는 등의 협력
과 함께, 도로, 에너지,
통신 등의 인프라 건설
계획 등을 구체적으로
논의하는 단계까지 진행
될 것으로 예상된다.

2017년 문재인 대통
령이 공약집 등을 통해

문재인정부가 구상 중인 '한반도 신경제 지도'
*자료=국정기획자문위원회·통일연구원

서해안 산업·물류·교통 벨트
·개성공단 확대·개발
·신의주·평양·남포·해주
산업단지 개발
·서울-평양-신의주-베이징
고속철도 건설

동해권 에너지·자원 벨트
·나선·하산 산업·물류 프로젝트
·원산(마식령)·금강산 관광 개발
·청진 신재생에너지,
단천 자원 개발
·남한·북한·러시아 가스관 연결

DMZ 환경·관광 벨트
·생태·평화 안보 관광지구
·문화 교류센터 구축

자료 : 국정기획자문위원회·통일연구원

밝혀 왔던 신경제지도가 현 시점에 맞춰 다시 설계되어, 공개가 임박한
것으로 보인다. 2017년에 제안한 '한반도신경제지도'에 표시된 것과 같
이 경의선 주변을 '산업·물류·교통벨트', 동해선을 '에너지·자원·벨
트', 비무장지대를 '환경·관광 벨트'로 추진하려는 것이다. 새롭게 수정
된 신경제지도는 북한과의 합의가 담겼을 뿐 아니라 다양한 관광자원 개
발, 물류 및 에너지 인프라 조성 그리고 산업 지구 조성 등의 경제적 기회
의 윤곽이 명확히 드러날 것으로 보인다.

향후 비핵화를 위한 움직임이 가속화되고 남북경협이 확대될 것이라
고 본다면, 남북협력기금 조성액도 확대되고 필요한 영역에 집행될 것으
로 전망된다. 남북경협은 여기서 멈추지 않고, 신북방정책의 추진에도 큰
계기가 될 것으로 보인다. 특히, 한·러 경제협력의 전략적 방향을 설명
해 주는 '나인브릿지(9-Bridge)' 전략도 탄력을 받을 것으로 전망된다.
남북경협과 신북방정책의 추진 과정에서 우리 정부는 최악의 상황을 대
비한 안전장치 마련에 심혈을 기울여야 한다. 기업의 입장에서는 개성공

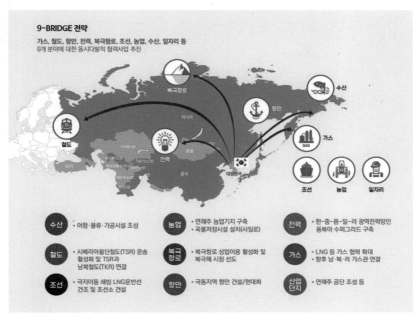

자료 : 평화문제연구소

단 입주와 다양한 지원책들을 고려해야 하며, 가계는 '투기'가 아닌 위험을 고려한 합리적인 수준의 '투자'를 진행해야 한다.

2019
deciding
point

PART

4

2019년
경제 전망과
대응전략

경제 전망의 주요 전제

한국 경제 전망과 대응전략

CHAPTER 1

경제 전망의 주요 전제

Economic Outlook for 2019

• 기초 설명

한국이라는 '배'는 세계라는 '바다'를 먼저 보아야 알 수 있다. 배가 아무리 튼튼히 지어지고, 연료를 충분히 보유하며, 성실한 선원들을 충분히 확보하고 있을지라도, 폭풍을 동반한 파도를 만나면 움직일 수 없다.

한국 경제는 세계 경제의 흐름과 크게 역행한 적이 없다. 대외 의존도가 높은 한국 경제는 세계 경제의 흐름이 상당히 중요하다고 할 수 있다. 일반적으로 경제전망을 수행하는 국내 주요 연구기관들은 세계 경제, 주요국 경제, 국제 무역, 국제유가, 환율 등에 대해서 IMF(국제통화기금, International Monetary Fund) 등의 국제기구 전망치를 전제로 한다. 즉, 한국 경제를 전망할 때, 세계 경제의 주요 변수들은 국제기구의 전망치에 의존하는 것으로 전제하는 것이다.

한국의 경제를 전망하는 일은 세계 경제의 흐름을 어떻게 바라보고 있는지에 대한 전제가 선행될 필요가 있다. 본서는 2019년 세계 경제의 지형을 세계 경제, 주요국 경제, 국제유가, 환율 순으로 살펴보고, 주요 국제기구들의 전망을 전제로 한국 경제를 전망했다.

2018년 세계 경제 회고

2017년 경제는 회복기로 평가된다. 경제침체기에서 벗어난 2017년과 빗대어, 2018년의 세계 경제는 성장을 지속할 것인가? 아니면 다시 침체될 것인가? 하는 '의문투성이'의 한해로 기억된다. WKF 2017(World Knowledge Forum)는 2018년 경제를 '변곡점(Inflection Point)'으로 표현했다(2017.10.19). 즉, 그동안 회복세를 보여 왔으나, 향후에도 이 회복세가 지속될 것인지 여부가 확실치 않은 그런 '의문투성이'인 시점이라고 본 것이다. 세계 및 한국 경제는 2008년의 큰 변곡점을 경험했다. 위기를 이겨낼 것 같다가도 2012년 유럽 발 재정위기 등 크고 작은 위기들이 다시 찾아와 뚜렷한 성장세를 맞이하지는 못했다.

2017년 세계 경제는 2016년의 불황기에서 벗어나, 뚜렷한 회복세를 보였다. 국제유가 및 원자재 가격이 회복되면서 물가상승률도 상승했다. 부진했던 세계 교역도 상당폭 증가했다. 한국 경제도 2016년의 불안했던 정치 경제 환경에서 벗어나 2017년에는 회복세를 나타낸 바 있다. 당초 국내외 주요 연구기관들은 2018년에도 이러한 회복세를 지속할 것으로 보았다. 그러나 2018년에 진입하면서, 세계 경제는 다양한 경기 하방 요인들이 더 크게 작용하기 시작했다. 미국의 기준금리 인상속도가 예상보다 더 가파른 속도로 인상되었고, 미국과 주요 신흥국들 간의 정치적 갈등 등으로 신흥국 통화가치가 급락하기도 했다. 미중 무역분쟁이 예상했던 것보다 더 격화되고, 장기화되는 양상으로 세계 경제를 더욱 불안하게 만들기도 했다.

2019년 세계 경제의 지형은?

세계 경제는 2016년의 불황기에서 벗어나 2017년 뚜렷한 회복세를 보였고, 2018년에는 그 수준을 유지하는 모습을 보이고 있다. 2018년 7월에는 IMF가 2018년 세계 경제성장률을 3.9퍼센트로 전망했고, 2019년에도 3.9퍼센트 수준의 성장세를 유지할 것이라고 보았다. 2018년과 2019년의 세계 경제는 2011년 이후 가장 높은 수준을 유지하고 있는 수준이며, 2017년부터 이어온 경기 확장세가 지속되고 있다고 평가할 만

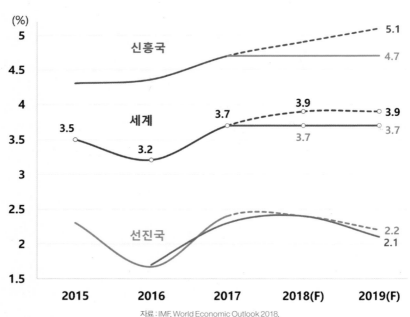

IMF의 2019년 세계 경제 전망

자료 : IMF, World Economic Outlook 2018.
주 : 점선은 2018년 4월 기준, 실선은 2018년 10월 전망 기준 전망치임

하다. 그러나 2018년 10월 들어 2018년과 2019년 세계 경제성장률 전 망치를 각각 3.7퍼센트로 하향조정했다. 즉, 2019년 세계 경제는 '종전 에 기대했던 만큼은 아니지만, 상당한 경기 확장세가 이어질 것'으로 전 망된다.

다만, 세계 경기 확장세는 지역별로 상이(less balanced)하다. IMF가 2018년 10월에 세계 경제성장률을 하향조정 하게 된 배경에는 선진국 보다 신흥국 불안의 영향이 더 크게 작용했다. 선진국 경제성장률은 2.2 퍼센트에서 2.1퍼센트로 1퍼센트 포인트 하향조정한데 그쳤지만, 신흥 국 경제성장률은 2018년 4.9퍼센트에서 4.7퍼센트로, 2019년 5.1퍼센 트에서 4.7퍼센트로 큰 폭의 하향조정을 이행했다. 미중 무역분쟁, 터키 경제제재, 이란 핵제재 등을 비롯해, 신흥국을 중심으로 한 세계 무역 긴 장감이 고조되고 있고, 펀더맨털이 취약한 신흥국들을 중심으로 자본유 출의 위험이 본격적으로 가시화 될 것으로 보고 있다.

2019년 주요국의 상황은?

주요국별로 살펴보면, 먼저 미국의 회복세가 지속될 것으로 전망된다. 미 국은 2016년 경제성장률 1.5퍼센트에서 2017년 2.2퍼센트, 2018년 2.9 퍼센트로 뚜렷한 회복세를 보였고, 2019년에는 2.5퍼센트 수준의 성장 세를 유지할 것으로 전망된다. IMF가 7월에 전망했던 2.7퍼센트수준에 는 못 미치지만, 선진국으로서는 상당한 수준의 경기 확장세를 유지하는 것으로 예상되고 있다. 미국은 양호한 고용시장이 뒷받침 되어 민간소비 회복세가 기대되고, 세제개편 및 확장적 재정 지출 등으로 성장세를 지속할 전망이다. 다만, 중국뿐만 아니라, 다양한 나라들과의 무역분쟁으로 경제 손실이 부메랑이 되어 돌아올 가능성도 상당히 존재한다.

유럽의 주요국들은 2016년의 저점에서 2017년까지 회복세를 보였으나, 2018년 이후 회복세가 점차 둔화될 것으로 전망된다. 남유럽 국가들을 중심으로 높은 수준의 정부부채 및 정정 불확실성 등이 경기 하방 리스크로 작용할 것으로 보인다. 유로존은 가계 재무구조 개선, 고용 회복 지속, 안정된 물가 흐름 등의 상승 모멘텀이 유효하나, 무역분쟁 및 일부 국가의 정정 불확실성 등의 리스크가 상존하고 있어 '지지부진한' 흐름이 이어질 전망이다.

일본은 2017년 '깜짝 성장'을 경험한 이후, 2018년부터 다시 '제자리로 돌아가는' 모습을 보일 전망이다. 그동안 일본은 투자와 수출 개선이 경기 회복세를 견인하는 역할을 수행했으나, 아베노믹스(일본의 경제부양책)가 한계에 봉착하면서, 성장속도가 크게 둔화될 전망이다. 2019년에는 일본 경제의 내수 개선세가 약화될 것이고 동시에 무역분쟁의 충격을 받을 가능성도 상존한다. 일본의 경제성장률은 2018년에 1.1퍼센트를 기록한 이후, 2019년에는 1퍼센트대를 밑돌아 0.9퍼센트를 기록할 전망이다.

인도를 제외한 주요 신흥개도국들의 경제가 상당히 불안하다. 중국은 상환가능성이 현저히 떨어지는 기업들의 부채 이슈와 미국과의 무역분쟁에 따른 충격이 상당한 수준으로 작용할 전망이다. 2017년 6.9퍼센트의 경제성장률을 기록한 이후, 2018년 6.6퍼센트, 2019년 6.2퍼센트

IMF의 2019년 주요국별 경제전망

(%)

		2016년	2017년	2018(E)	2019(E)	
					10월 전망	7월 전망
세계 경제 성장률		3.2	3.7	3.7	3.7	3.9
	선진국	1.7	2.3	2.4	2.1	2.2
	미국	1.5	2.2	2.9	2.5	2.7
	유로지역	1.8	2.4	2.0	1.9	1.9
	일본	1.0	1.7	1.1	0.9	0.9
	신흥개도국	4.4	4.7	4.7	4.7	5.1
	중국	6.7	6.9	6.6	6.2	6.4
	인도	7.1	6.7	7.3	7.4	7.5
	브라질	−3.5	1.0	1.4	2.4	2.5
	러시아	−0.2	1.5	1.7	1.8	1.5
	ASEAN-5	4.9	5.3	5.3	5.2	5.3
세계교역증가율		2.3	4.2	4.2	4.0	4.5

자료 : IMF | 주 : 2018년 10월 전망 기준 전망치임

로 크게 하락할 전망이다. 러시아와 브라질은 2015년과 2016년의 마이너스 성장에서 벗어나 2017년 플러스로 전환되어 2018년에도 회복세를 지속하고 있지만, 2019년에는 회복속도가 매우 더딘 흐름을 보일 전망이다. 이는 본서의 1부 여섯 번째 챕터 '신흥국발 세계 경제 위기의 가능성'에서 다룬 바 있다. 긴축정책 도입에 따른 신흥국 자본 유출 영향과 2019년 세계 경제에 조성된 불안감 등 중대한 주제를 다루고 있으니 해당 내용을 참고하길 바란다.

2019년 국제 유가 전망

2018년까지 국제 유가는 뚜렷한 상승세를 보였다. 2018년까지 세계 경

기가 확장하면서, 원유 수요가 증가했다. 특히, 미국을 중심으로 원유 수요가 확대되었다. 한편, OPEC 감산 합의 이행으로 공급량은 제한적이었다. 더욱이, 중동 지역의 정정 불안으로 원유 공급이 줄어 국제유가 상승했다. 미국이 이란 핵 협정 탈퇴에 따라 이란 산 원유의 공급 차질이 일어났고, 베네수엘라의 원유 생산 불확실성이 제기되면서, 수요에 비해 공급이 부족해지는 현상이 초래되었다.

2019년 국제 유가는 상반기까지 상승세를 지속하다가, 하반기 들어 다시 하락할 것으로 전망된다. 2019년 들어 신흥국들을 중심으로 경기가

주요 국제유가 동향 및 전망

(달러/배럴)

구분		WTI(전월전망대비)	Brent(전월전망대비)
2017년	평균	50.79 (−)	54.15 (−)
2018년	1분기	62.90 (−)	66.84 (−)
	2분기	68.07 (−)	74.53 (−)
	3분기	69.69 (+0.32)	75.02 (+0.87)
	4분기	73.05 (+5.36)	81.09 (+5.40)
	평균	**68.46 (+1.43)**	**74.43 (+1.59)**
2019년	1분기	71.00 (+6.31)	77.00 (+4.31)
	2분기	68.34 (+2.68)	74.34 (+1.34)
	3분기	68.31 (−)	74.00 (−)
	4분기	70.64 (−)	75.00 (−)
	평균	**69.56 (+2.20)**	**75.06 (+1.38)**

자료 : 미 에너지정보청(EIA) 단기에너지전망(STEO) 보고서, 한국석유공사 재인용

둔화되면서 원유 수요가 위축될 전망이다. 반면, 미국 석유 시추기 수 증가와 에너지 부문 투자 확대 등에 따라 셰일 오일 생산이 증대될 것으로 예상되고, 국제유가 상승세를 주춤하게 만들 요인으로 작용할 전망이다.

2019년 주요국 환율전망

2018년 중 달러화는 강세, 유로화 및 엔화는 약세 흐름을 보였다. 미국이 경기가 확장세를 지속하고, 기준금리 인상 등의 긴축적 통화정책을 시행하면서 달러화 가치가 상승했다. 주요국 통화대비 달러가치를 나타내는 달러화 지수는 2018년 1월 86.3p에서 8월 90.4p로 상승했다. 한편, 미국 달러화 강세의 영향으로 유로화 및 엔화는 약세를 보였다. 유로화는

주요국 환율 동향 및 전망

(엔/달러, 달러/유로, 위안화/달러)

		3개월	6개월	9개월	12개월
엔화 (최근*112.21)	평균** 최고/최저	111.00(+1.1%) 115/106	109.75(+2.2%) 113/102	107.43(+4.5%) 114/100	107.63(+4.3%) 115/95
유로화*** (1.1560)	평균 최고/최저	1.1710(+1.3%) 1.30/1.13	1.1763(+1.8%) 1.33/1.13	1.1900(+2.9%) 1.35/1.10	1.2113(+4.8%) 1.28/1.10
위안화 (6.9220)	평균 최고/최저	6.8560(+1.0%) 7.01/6.50	6.9829(-0.9%) 7.10/6.47	6.9300(-0.1%) 7.15/6.40	6.8100(+1.6%) 7.19/6.32

자료 : 한국은행, Bloomberg, 현대경제연구원 재인용.
주1 : 2018년 10월 12일 기준.   주2 : 유로화는 1유로당 달러, 엔화와 위안화는 1달러당 해당통화.
주3 : ( )안은 최근 대비 절상(또는 절하)폭.

일부 남유럽 국가의 정정 불안으로 가치가 떨어졌고, 미국의 기준금리 인상에도 일본은 완화적 통화정책(저금리, 통화를 증대 등)을 유지함에 따라 엔화의 가치가 하락했다. 달러 대비 유로화 환율은 2018년 1월 0.806유로에서 8월 0.862유로로 상승했고, 달러 대비 엔화 환율은 2018년 1월 109.2엔에서 8월 111.0엔으로 상승했다.

2019년에는 달러화 보다 유로화와 엔화가 강세를 보이는 반면, 위안화는 약세를 보일 전망이다. 세계 주요 투자은행(investment bank)들의 환율 전망에 따르면, 미국 경기가 2019년 이후 중장기적으로 둔화될 가능성을 크게 보고 달러화 가치가 약보합세를 나타낼 것으로 보인다. 한편, 유로지역에서는 물가가 상승하고, 양적완화를 종료하는 통화정책 등의 영향으로 유로화가 강세를 보일 전망이다. 세계 경제의 불확실성 등으로 안전자산 선호현상이 유지됨에 따라 엔화는 강세를 보일 것으로 보인다. 한편, 위안화는 극화된 미중 무역분쟁에 대해 협의점을 찾을지 여부에 따라 차이가 있지만, 경제가 계속 하강국면에 있고, 기업들의 부채문제 등의 위협요인들이 상당하다는 측면에서 약세 기조를 보일 것으로 전망된다.

CHAPTER 2

한국 경제 전망과 대응전략

Economic Outlook for 2019

2019년 한국 경제 전망

2018년 한국 경제는 변곡점(inflection point)에 비유될 만큼 상당한 변화에 직면한 모습이었다. 2019년 한국 경제는 '결정점(deciding point)'이 될 것으로 전망된다. 변화에 직면한 한국 경제가 변화되는 환경을 기회로 맞이한 것이 아니라 위기로 맞이한 것이다. 2018년은 다양한 기회와 위협이 공존하던 해였다면, 2019년은 위협요인이 절대적으로 많은 해가 될 전망이다. 대외적으로 불확실성이 가득하고, 대내적으로는 해결해야 할 과제가 산재되어 있다.

2017년의 한국 경제는 2016년의 불안했던 정치 경제 환경에서 벗어나 뚜렷한 회복세를 나타낸 해로 기록된다. 2017년 한국 경제는 2015년~2016년의 경기 침체기에서 벗어나 회복기로 진입했다. 2017년 3.1퍼센트로 회복된 데 이어 2018년 상반기까지 3.0퍼센트를 웃도는 회복세를

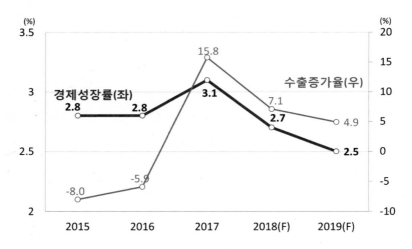

2019년 한국 경제 전망

경제성장률(좌)
2.8 **2.8** **3.1** **2.7** **2.5**

수출증가율(우)
-8.0 -5.9 15.8 7.1 4.9

2015　2016　2017　2018(F)　2019(F)

자료 : 한국은행, 한국무역협회 | 주 : 2018년 10월 20일 기준 전망치임.

지속해왔다. 그러나 내외 경기의 동반 위축으로 2018년 하반기에는 상승세가 크게 꺾여 2018년 경제성장률이 2.7퍼센트 수준으로 하락할 것으로 전망된다.

2019년 한국 경제는 2018년 보다 더 큰 하강국면에 진입할 것으로 판단된다. 대외적으로 발생할 불확실성 요인들이 더 확대되고, 대내적으로는 고용, 부동산, 인구, 디지털 트랜스포메이션 등과 같은 구조적 변화에 직면하게 될 것이다. 세계경기의 위축과 국내 정치적 혼란(박근혜 전 대통령 탄핵 등)까지 동반되었던 2016년 보다 더 심각한 상황에 직면하게 될 우려가 있다. 2019년 한국 경제는 2015~2016년의 경기 침체기 수준을 더 하회하는 2.5퍼센트의 경제성장률을 기록할 것으로 전망된다.

2019년 부문별 한국 경제 전망

2017년 한국 경제의 '깜짝 성장'은 사실 수출이 만들었다고 해도 과언이 아니다. 2018년 경제도 그나마 2.7퍼센트 수준을 유지할 수 있는 것도 수출이 있었기 때문이다. 통계학적으로 설명한다면, 경제성장률 선을 기준으로 소비, 건설투자, 설비투자 등은 모두 밑돌고 수출만 위에 있는 모습이다.

1. 소비

민간소비는 2018년까지 상당한 수준으로 유지되었으나, 2019년 들어 완만하게 하락할 것으로 전망된다. 2019년까지 '고용 없는 경제'가 풀리지 않는 한국 경제의 숙제로 남아 있을 것으로 보인다. 산업구조조정이 지속되고, 근로조건 개선 노력에 따라 일자리의 양은 늘기 어려운 상황이 나타날 것이다. 고용은 소득에 영향을 주고, 소득은 다시 소비에 영향을 주기 때문에, 소비가 회복되기 어려운 상황에 처한 것이다.

부동산 시장도 거래절벽 현상이 나타나 소비심리를 크게 위축할 것으로 보인다. 이에 더해 금리가 상승하면서 채무상환의 부담이 가중되어 소비할 여력이 크지 않을 전망이다. 부동산 거래가 위축되어 가계부채 규모가 크게 증가하지는 않을 것이지만, 변동금리 대출자들을 중심으로 이자상환 부담이 증대되고 이는 소비를 제약하는 요인이 될 것이다.

다만, 임금근로자들의 실질임금 증가, 근로시간 단축에 따른 저녁 소비 증대, 정부의 저소득층 지원 정책 등은 민간소비에 긍정적인 영향을 미칠 것으로 보인다. 이러한 긍정적 요인들이 부정적 환경을 제압할 만한 수준이 될 수 없어 소비는 둔화될 것으로 전망된다.

2. 투자

건설투자는 압도적으로 침체될 것으로 전망된다. 건설투자는 크게 토목부문과 건축부문으로 나뉘는데, 토목과 건축 둘 다 부진할 것으로 전망된다. 앞서 살펴본 2019년 예산안에 관한 이슈와 같이, SOC 예산 감축됨에 따라 토목부문이 크게 부진해질 것으로 보인다. 뿐만 아니라, 건설사들이 2019년 이후의 부동산 시장을 다소 비관적으로 보고 있어 주택 건설을 중심으로 감소세가 본격화 될 전망이다. 실제로 주택허가면적 감소세가 뚜렷하게 나타나고 있다. 다만, 신규택지 개발, 생활형 SOC 확충 등 긍정적인 면도 미미하게 작용할 것으로 보인다.

설비투자는 대내외 불확실성이 증대되고, 금리가 상승함에 따라 크게 위축될 전망이다. 2019년 세계 경제와 수출 경기는 2018년 보다 다소 둔화될 것으로 예상된다. 미국 기준금리 인상과 신흥국 위기 가능성이 점증되고, 지금까지 국내 설비투자를 견인해온 반도체 산업의 투자가 마무리됨에 따라, 기업들의 설비투자가 상당히 제약될 것으로 보인다. 더욱이 국내 기준금리 인상이 예견되고 있어, 자금 조달 여건이 악화되고, 국내 근로조건의 제도적 개선으로 해외 생산이 확대될 전망이다. 다만, 기업들의 디지털 트랜스포메이션이 본격화 됨에 따라 스마트 팩토리 및 ICT 설비 도입 등에 따른 설비투자 상승요인도 동시에 작용할 것으로 예측된다.

3. 수출

2019년 대외거래는 2018년보다도 더 악화될 것으로 전망된다. 한국의 수출은 2015년과 2016년의 침체기(각각 8.0퍼센트, -5.9퍼센트)에서 벗어나 2017년 상당한 회복세(15.8퍼센트)로 전환되었다. 그러나, 트럼프발 환율 절상 압력과 보호무역주의 기조 가속화로 2018년에는 7.1퍼센트 수준으로 둔화될 전망이다. 2019년에는 2018년에 나타났던 수출 경기 위축세가 더 강하게 나타날 것으로 전망된다.

미국과 중국 간의 무역전쟁이 격화될 경우 우리 수출에 상당한 악재가 초래될 것이다. 2018년 11월에 예정되어있는 미국의 중간선거 결과가 무역전쟁의 전개 양상을 바꾸어 놓을 수 있다고 시장에서 예견하고는 있지만, 이 역시 하나의 불확실성이 된다. 이러한 불확실성은 기업들의 투자를 더욱 위축시켜 내수경기 회복에도 상당한 걸림돌로 작용할 것이다.

2019년 부문별 한국 경제 전망

(%, 만 명)

구분		2016년	2017년	2018년(E)	2019년(E)
경제성장률(%)		2.8	3.1	2.7	2.5
	민간소비(%)	2.5	2.6	2.6	2.4
	건설투자(%)	10.3	7.6	−2.3	−2.9
	설비투자(%)	−1.0	14.6	−0.1	−0.2
수출증가율(%)		−5.9	15.8	7.1	4.9
소비자물가(%)		1.0	1.9	1.6	1.7
실업률(%)		3.7	3.7	3.8	3.8
취업자수 증감(만 명)		23.1	31.6	9.4	14.2

자료 : 한국은행, 한국무역협회, 통계청 | 주 : 2018년 10월 20일 기준 전망치임

2019년 주요 선진국 및 중국의 경제성장률이 둔화될 것으로 전망되어, 주요 수출 시장의 수입 수요가 둔화될 전망이다. 무엇보다, 중국의 기업부문 채무불이행(디폴트) 가능성 및 미중 무역분쟁 격화에 따른 중국시장의 하방리스크가 더욱 확대되고 있다. 한국 수출의 4분의 1가량을 차지하는 중국의 위기신호는 상당한 수출리스크로 부상할 우려가 있다.

한편, 2018년까지는 글로벌 반도체 시장의 성장이 2019년부터 다소 둔화되면서 한국의 수출을 주도해온 반도체 품목의 수출 성장세가 둔화될 것으로 전망된다. 삼성전자는 향후 자동차용 반도체(자율주행차와 커넥티드카)에 주력할 계획을 발표했지만, 중장기적인 수요가 즉시적인 글로벌 반도체 수요를 상쇄하긴 어려울 전망이다.

2019년 경제에 대한 우리의 대응

1968년 멕시코 올림픽 당시의 일이다. 높이뛰기 경기에서 한 선수가 1차 시도를 하자, 8만 명의 관중들은 일제히 놀랐다. 그는 미국의 딕 포스베리(Dick Fosbury)라는 선수였다. 그가 높이뛰기 바를 등 뒤로 뛰어넘어 머리로 착지하는 배면뛰기 기술을 선보였기 때문이다. 그동안 모든 선수들은 가위뛰기(앞으로 다리를 벌려 뛰어넘는 기술)나 롤오버 방식(앞으로 굴러 뛰는 기술)을 사용했다. 당시 포스베리는 2.24m라는 올림픽 신기록을 세우면서 금메달을 거머쥐었다. 이후 배면뛰기는 그의 이름을 따서 '포스베리 플롭(Fosbury flop)'이라고 명명됐고, 오늘날 높이뛰기 기술의 표준이 됐다.

당시 높이뛰기 경기에서 선수들이 바를 넘은 뒤 착지하는 곳에 부상을 막기 위한 모래나 톱밥이 깔려있었다. 그러나 모래나 톱밥은 2m 정도 높이에서 떨어지는 선수들에게 완전한 안전을 담보해주지 않았기 때문에, 선수들은 모두 발로 착지(가위뛰기)하거나 손발로 착지(롤오버)하는 기술을 택했다.

1960년대 중반 고무 발포로 만든 매트가 만들어져 모래나 톱밥을 대체하기 시작했다. 이 매트는 착지 부분을 높게 만들 수 있어 착지할 때 선수들이 받

자료: smiletale.com

는 충격이 거의 없었다. 포스베리는 이런 환경변화에 맞춰 과감한 시도를 했던 것이다. 높이뛰기 경기의 환경변화에 가장 먼저 대응한 선수였던 것이다.

높이뛰기 경기의 판도가 하루 아침에 뒤바뀐 것처럼 2019년은 정책적, 경영적, 투자적 의사 결정의 환경이 크게 변화하고 있다. 대외적 불확실성 요인들에 적시 대응하고, 국내 구조적 하강요인들에 대한 대응책을 마련해야 한다. 본 저자는 2019년 한국 경제를 결정점(deciding point)으로 규명했다. 경기 확장세가 한계에 다다른 시점이기도 하지만, 그렇기 때문에 경제주체들의 의사 결정이 매우 중요한 시점이기도 하다. 3대 경제주체(가계, 기업, 정부)들이 2019년에 어떻게 대응해야 할지를 중심으로 아래와 같이 제안해 보기로 한다.

1. 가계의 투자관점의 대응

2019년은 소극적인 투자 전략을 취해야 할 시점으로 판단된다. 전세계는 초저금리 시대를 벗어나 상승세로 전환된 긴축의 시대에 직면했다. 완화의 시대에 취했던 투자전략과 긴축의 시대에 취했던 투자전략은 달라야 한다. 긴축의 시대는 기본적으로 안전자산 선호현상이 강하게 나타나기 때문에, 주식시장과 부동산 시장이 기존에 비해 매력적이지 못하다.

주식시장은 경제와 동행하고, 금리와 역행하는 성격이 강하기 때문에, 2019년 주식시장은 기본적으로 크게 추천할 만한 투자대상은 아니다. 다만, 남북경협이 확대되는 과정에서 부상하는 대북비즈니스, 디지털 트랜스포메이션을 이끌어가는 기업들, 콘텐츠 산업과 같은 유망산업, 고령사회 진입에 시니어비즈니스 영역을 선도적으로 이끌어가는 기업들 등의 경우 평균적인 주식가격 흐름(KOSPI 지수)을 벗어나 상회할 것으로 보인다. 유망산업과 해당 산업내 유망한 기업을 선별하는 데 노력을 집중할 필요가 있다.

2019년은 부동산 시장의 전환기다. 수도권과 비수도권, 소형과 대형, 주거용 건물과 상업용 건물 등의 흐름이 제각각 움직이는 양상이 지속될 전망이다. 따라서 각 지역과 유형의 특성을 세밀하게 들여다보는 마이크로 접근법이 요구된다. 특히, 2019년에는 주택공급이 많아져 역전세난 우려가 확대될 것으로 보인다. 이에 따라 소위 갭투자를 시도한 투자자들이 전세가격도 조정되고 금리도 상승하면서 급매도를 시도하는 지역들이 있다. 자가 거주 비중이 높은 지역의 경우 그런 가능성이 낮지만, 전세 거주 비중이 높은 지역은 그런 경향이 짙게 나타날 것으로 보인다. 한편, 주택구입 실수요자들의 경우, 정책지원을 적극 활용할 필요가 있다. 실수요자들을 대상으로 장기저리의 금융지원이나 실수요자 중심의 신규주택 분양 및 취약계층 공공주택 등의 기회를 활용해야 한다. 그렇게 하기 위해서는 다양한 부동산 후속대책들을 주의 깊게 살펴야 한다. 또한, 일반적으로 분양을 신청하면 입주시점은 2~4년 후이기 때문에, 분양의 기회를 놓치지 않기 위해 지속적으로 시도할 필요가 있겠다.

돈을 빌리는 것부터 재테크의 시작이다. 먼저 금리상승과 까다로운 대출규제 때문에 과도한 부채에 의존하는 투자보다는 자기자본에 대한 의존도를 높여 중장기적 시각을 두고 투자의사 결정을 해야 하는 시점이다. 독자 여러분들이 처해있는 재무적 상황이 각각 다르기 때문에, 일률적으로 제안할 수는 없다. 일반적으로는 변동금리를 선택하는 것보다는 고정금리를 선택하는 것이 추천될 만하다. 다만 소득수준이 높아 채무상환능력이 상당하고(즉, 조기에 대출을 갚을 수 있다면), 조기에 상환이 가능하다면 시초의 금리가 낮은 변동금리를 선택하는 것이 유리할 것이다.

그 밖에도 다양한 지표의 변화를 모니터링해 투자적인 관점에서 활용할 여건들이 많다. 앞서 살펴본 바와 같이, EIA에 따르면 국제유가가 2019년 1분기까지 상승세를 이어갈 전망이다. 원유선물ETF를 보유하는 시도도 적절할 수 있다. 한편, 국제투자은행들의 보고서에 따르면 엔화와 유로화의 강세 및 위안화의 약세가 전망된다. 환율 측면에서는 유학이나 장기 여행 등을 준비하는 가계의 경우 참조해 의사 결정할 필요가 있겠다. 마지막으로 신흥국 위기 가능성이 고조되고 있기 때문에, 유망한 신흥국들을 발굴하는 시도가 필요하다. 상대적으로 견고하게 성장하는 신흥국에 대한 투자 기회를 적극적으로 모색하는 노력이 필요하다.

2. 기업의 전략적 대응전략

저성장기의 기점이 되는 2019년은 많은 기회와 위험이 공존할 것이다. 어떤 것이 우리에게 기회요인과 위협요인이 될지 올바른 판단을 내려야 한다. 바로 지금이 철저한 대비와 지혜가 필요한 시점이다. 특히 한국 기업들은 다음과 같은 것들을 준비해야 한다.

첫째, 모니터링 기능을 강화해야 한다. 국제 금융시장의 불안정, 급등하는 환율 변동성, 국제유가의 기조 변동 등 다양한 변화가 나타나고 있다. 미국 기준금리 인상이라는 변수와 보유자산 축소 및 환율 절상 압력 등이 다양한 거시경제 지표의 변동성을 높일 것으로 보인다. 다양한 거시경제 지표의 흐름과 주요국의 위기 발생 가능성 등을 모니터링하여 선제적 대응을 해야 한다.

둘째, 한국의 기준금리 인상 속도와 그 영향에 주목해야 한다. 2019년은 미국의 추가적인 기준금리 인상 가능성이 가시화되었다. 때문에 국내 기준금리 인상 가능성이 더욱 커진 상황이다. 기준금리 인상으로 인해 주식시장이 경색되었고, 이 시기의 기업은 자기자본이 위축되어 타인자본에 대한 의존도가 낮아질 수 있다. 다시 말해, 2019년은 양적인 투자보다는 선택적이고 집중적인 투자가 필요한 상황이다. 경영여건을 면밀히 고려하여 최적의 투자전략을 기획하는 노력이 필요하다.

셋째, 문재인 정부의 정책 흐름을 보다 면밀히 살펴야 한다. 소득주도성장 정책의 일환으로 구성되는 다양한 고용정책들에 대한 준비가 필요하다. 특히 기업들은 소득주도성장 정책의 다양한 지원책들을 적극 활용해야 한다. 기업 내 노동생산성 향상을 위해 직업 교육 및 훈련과 관련된 공공 시스템을 적극 활용하고 출산 휴가 및 육아 휴직으로 인해 요구되는 인력들을 대체인력뱅크를 활용해 보완해나가야 한다. 4차 산업혁명을 추진하는 기업들은 기존 인력의 업무 재배치를 고민할 수 있는데, 이와 관련된 정책지원들을 주지하고 활용도를 높이는 것이 좋다.

넷째, 부동산 및 가계부채에 관한 후속대책들에 대응할 필요가 있다. 부동산 정책은 가계와 기업들의 투자전략에 변화를 줄 수 있고, 가계부채 대책은 특히 건설사와 금융기관의 경영환경에 큰 영향을 준다. 건설사의 경우, 부동산 투자 관련 규제의 변화를 예측하고, 건설 인허가 전략을 유연하게 변화시키는 시스템을 마련할 필요가 있다. 부동산 정책들은 부동산 투자 수요를 변화시키고, 미분양 물량에 영향을 주어 기업의 수익성에 직접적인 영향을 줄 수 있다. 주택 임대사업자 육성 등의 정책들로부터는 미래 사업영역 확장 등의 전략적 방향성을 설정하는데 기회가 주어질 수 있다. 따라서 다양한 부동산 후속조치들에 유의할 필요가 있다.

금융사들은 가계부채 관련 후속대책에 귀를 기울여야 한다. 가계부채 대책은 건설 산업에도 영향을 주겠지만, 금융사에는 직접적인 영향을 미친다. 대출규제의 변화는 직접적인 매출액에 영향을 줄 수 있다. 또한 고정금리 대출 및 원리금분할상환제도 확대 등의 정책들은 금융사의 인센티브시스템에 영향을 준다. 정책 변화와 후속대책이 연이어 발표되는 지금 시점에 금융사들은 촉각을 곤두세우고 보다 발 빠른 대응을 해야 한다.

다섯째, 4차 산업혁명의 기반기술들을 적극 포착하고, '플랫폼 기반 경영'으로의 전환을 모색해야 한다. 모든 기업들은 국내외 선진 기업들이 다양한 기술들을 도입하여 새롭게 구축하는 비즈니스 모델들을 실시간으로 파악하는 데 각별한 관심을 기울여야 한다. 특히, 기업의 경쟁력을 결정하는 중심축이 제품과 서비스에서 플랫폼으로 이동하고 있으므로 이 점을 주지하고, 기업의 경영여건에 맞는 온라인 기반 플랫폼 확보에 노력을 기울여야 한다.

3. 정부의 정책적 대응전략

단기적인 경기침체에 대한 대응과 저성장 고착화를 탈피하기 위한 중장기적 대책들을 동시에 강구해야 한다.

첫째, 투자 활력을 제고하는 것이 시급한 정책과제다. 대외 불확실성이 증폭되고, 경기침체 국면에 처한 상황하에서 기업들의 신규투자 여건이 악화되고 있다. 투자가 위축되니, 경제의 신규 고용·창출력도 떨어지고 있다. 규제 개혁 노력을 통해 기업들이 신성장동력산업으로 적극 진출할 수 있도록 여건을 마련해야 한다. SOC 투자를 확대하는 경기부양책을 마련할 필요도 있다.

둘째, 소비심리를 개선하기 위한 가구 특성별 맞춤 소비 진작 정책도 필요하다. 소비성향이 높고 소비여력이 있는 1인 가구와 소비규모가 큰 고소득층의 소비를 적극적으로 유도해야 한다. 소비여력이 적은 취약계층에 대해서는 최소한의 생계와 소비를 위한 공적이전 정책을 확대하되, 소비 촉진책뿐만 아니라 소득 여건이 개선될 수 있도록 정책적 역량을 집중해야 한다.

셋째, 수출리스크에 대응해야 한다. 기존 주력산업의 수출 경쟁력을 강화하는 가운데 새로운 수출 품목 개발에도 지속적으로 투자하고 수출시장을 다변화하는 등 수출의 균형발전 전력이 요구된다. 차기 주력 수출 품목을 발굴·육성하여 중장기적으로 수출품목 다양화를 추구해야 한다. 수출대상국 다변화도 시도해야 한다. 주요 취약신흥국들의 불안, 브렉시트에 따른 영국과 주요 유럽 불안, 미중 무역분쟁에 따른 대중 중간재 수출 타격 등 다양한 불안요인이 산재하고 있다. 몇몇 국가들에 편중되어 의존적인 수출구조에서 벗어나 성장 잠재력이 높은 신규 시장 진출을 시도해야 한다.

넷째, 공적 모니터링 기능을 강화할 필요가 있다. 국제 금융시장이 불안정하고, 환율 변동성이 급등하고, 국제유가 기조가 변화하는 등 다양한 변화가 나타나고 있다. 미국 기준금리 인상이라는 변수와 환율 절상압력 등은 다양한 거시경제 지표의 변동성을 높게 만들 것이라고 판단된다. 기업들은 다양한 거시경제 지표의 흐름과 주요국의 위기 발생 가능성 등을 모니터링하여 선제적으로 대응할 수 있도록 해야 하지만, 중소기업들의 경우 그런 기능을 독자적으로 수행하기에 한계가 있다. 따라서 정부가 공적 모니터링 기능을 수행하고, 중소기업들에게 적극 알림 서비스를 제공하는 플랫폼으로서의 역할을 수행할 필요가 있다.

다섯째, 중소기업을 위한 정책들도 보강될 필요가 있다. 경쟁력 있는 제품을 생산하는 중소기업들을 수출로 연결할 수 있도록 하는 컨설팅 서비스를 확대할 수 있다. 중소기업들이 수출대상국의 기호에 맞춤화된 소비재를 개발하고, 해외 제조사가 요구하는 맞춤화된 중간재를 공급할 수 있도록 마케팅 역량을 제고하는 기능을 수행할 수 있다. 또한 중소기업들이 수출대상국의 제도와 절차를 잘 파악하고 바이어 연관 업체와 협력관계를 강화해 나갈 수 있도록 수출지원 서비스도 확대될 필요가 있다. 국내 고용의 약 87퍼센트를 차지하는 중소기업들이 인력부족으로부터 벗어날 수 있도록 신규채용 인력에 대한 일정한 임금을 보조하는 고용분담금제도 등도 확대 적용될 필요가 있다.

여섯째, 디지털 격차를 줄이는 노력도 요구된다. 대기업들을 중심으로 디지털 트랜스포메이션을 적극 추진해 나가고 있다. 중소 중견기업들과 자영업자들은 디지털 트랜스포메이션을 추진할 여력에 상대적으로 제한적이다. 2019년 한 해 디지털 트랜스포메이션이 가속화될 것으로 예상되는 가운데, 발전 여력이 부족한 기업들은 디지털 격차를 겪고 도태될 수 있다. 이때 정부가 디지털 리더십을 가지고 중소기업들에게도 디지털 트랜스포메이션의 방향성을 안내하거나, 가능한 여건 안에서 구체적인 대응전략을 마련할 수 있도록 정책지원을 마련할 필요가 있다.

마지막으로, 서민들의 체감경기를 안정화하는 데 주력해야 한다. 2019 년에는 저물가 기조 속에서도 상당히 높게 형성된 체감물가로부터의 가계부담이 예견된다. 영세 자영업자들은 동종 업종 내 다른 자영업자들과의 경쟁에 허덕이면서 '막막함'이 커지고 있다. 주 52시간 근무제 도입으로 '돈 없는 삶'을 경험하게 될, 시간제근로자들은 줄어든 본업에서의 소득을 만회하기 위해 부업으로 뛰어들 수 있다. 채소류 등 생활밀접 품목의 가격 급등락을 막기 위한 농산물 수급전략을 고도화하고, 자영업자들의 과잉경쟁을 축소시키며, 주 52시간 근무제 도입에 따른 한계점을 극복할 수 있는 보완책 마련이 시급하다.

2019
deciding
point

2019년
경제 전망
부록

주요 투자은행의 세계 경제 및 주요국 성장률 전망

주요 투자은행의 아시아 주요국 경제지표 전망

자료: 〈2018.10.05.주요 투자은행의 아시아 주요국 경제지표 전망〉, 김희진, Consensus Forecast, 국제금융센터.
〈2018.10.05.주요 투자은행의 세계 경제 및 주요국 성장률 전망〉, 신술위, Consensus Forecast, 국제금융센터.

주요 투자은행의 세계 경제 및 주요국 성장률 전망

- **세계 경제(–):** 세계 성장률은 견조하나 디커플링이 확대. 부양정책의 효과로 미국의 성장세는 지속될 것이나 유럽과 중국 경제는 둔화세를 보이고 있으며 신흥국 전망도 악화(Citi 등)

  ○ 달러 유동성 감소, 유가 상승, 무역분쟁 등은 중국과 신흥국들에게만 부정적 영향을 미치는 것이 아니라 유럽과 같은 수출의존성이 높은 선진국들에게도 영향 (Barclays)

- **미국(–):** 확장적 재정정책의 영향으로 '19년 상반기까지 성장률이 잠재성장률을 상회할 것으로 예상되나 그 이후 긴축적 통화정책 및 공급 제약 등으로 둔화될 가능성 (Nomura)

  ○ 모든 중국 수입품에 대해 관세를 25%로 확대할 경우 실질 GDP 는 '19 년까지 0.2% 하락할 것으로 추정되며 기업심리가 예상보다 더 크게 위축될 경우 피해가 확대(JPM)

- **유로존(0.1%p↓):** 경기정점을 지나 후퇴기를 겪고 있으며 해외수요가 예상보다 둔화되어 전망치 하향 조정. 이탈리아 정정 불안, 보호무역주의 등이 리스크 요소(Barclays 등)

  ○ 이탈리아의 재정적자가 확대된다면 재정부채 추이는 상승할 것으로 예상. 성장률에 미치는 긍정적 영향은 없을 것이며 자금 유동성을 감소시켜 민간 투자와 소비가 둔화될 전망(Goldman Sachs)

  ○ 미국이 유럽 자동차에 부과되는 관세를 25%로 확대할 경우 유로존 순수출은 약 2.0% 하락하고 성장률은 약 0.1% 둔화될 것으로 예상(Barclays)

본 내용은 2018년 9월 말의 자료를 기준으로 작성되었습니다.

세계 경제의 성장률 전망

기관명	2018f	2019f
Barclays	4.0	3.8
BNP Paribas	3.6	3.4
BoA-ML	3.8	3.7
Citi	3.9	3.7
Goldman Sachs	4.0	3.9
JP Morgan	3.8	3.6
Nomura	4.0	3.7
UBS	4.0	3.7
평균	3.9	3.7

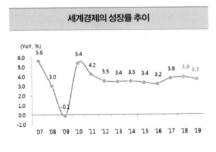

세계경제의 성장률 추이

전년대비, 구매력평가(PPP) 기준. 붉은색, 파란색은 각각 전월 전망
치대비 상승, 하락을 의미

미국 경제 성장률 전망

	분기별				2018f	2019f
	18.3Q	18.4Q	19.1Q	19.2Q		
Barclays	3.0	3.0	2.5	2.5	2.9	2.6
BNP Paribas	–	–	–	–	2.8	1.8
BoA-ML	3.4	3.0	2.6	2.4	2.9	2.7
Citi	3.2	2.9	2.8	2.5	2.9	2.8
Credit Suisse	3.3	2.5	–	–	2.9	2.5
Goldman Sachs	3.3	3.0	2.5	2.2	2.9	2.6
JP Morgan	3.0	2.5	2.3	2.0	2.8	2.3
Nomura	2.9	2.9	2.2	1.8	2.9	2.4
UBS	3.3	1.2	1.8	2.7	2.8	2.4
평균	3.2	2.6	2.4	2.3	2.9	2.5

* 분기별 전망은 전기대비 연율, 연도별 전망은 전년대비 기준. 붉은색, 파란색은 전월 전망치대비 상승, 하락을 의미

유로존 경제 성장률 전망

	분기별				2018^f	2019^f
	18.3Q	18.4Q	19.1Q	19.2Q		
Barclays	1.7	1.7	1.8	1.8	2.1	1.8
BNP Paribas	–	–	–	–	2.0	1.5
BoA–ML	1.2	1.4	1.7	1.6	1.9	1.5
Citi	1.2	1.6	2.0	1.8	1.9	1.7
Credit Suisse	–	–	–	–	2.1	2.0
Goldman Sachs	2.0	1.8	1.9	1.9	2.1	1.8
JP Morgan	1.8	2.5	2.3	2.3	2.1	2.2
Nomura	1.6	1.7	1.7	1.6	2.0	1.6
UBS	2.0	1.7	1.7	1.8	2.1	1.8
평균	1.6	1.8	1.9	1.8	2.0	1.8

* 분기별 전망은 전기대비 연율, ( )는 전년대비. 연도별 전망은 전년대비 기준. 분기별 평균은 전기대비 연율의 산술평균 집계. 붉은색, 파란색은 전월 전망치대비 상승, 하락을 의미

중국 경제 성장률 전망

	분기별				2018^f	2019^f
	18.3Q	18.4Q	19.1Q	19.2Q		
Barclays	6.7	6.7	6.5	6.5	6.7	6.5
BNP Paribas	–	–	–	–	6.4	6.1
BoA–ML	6.6	6.4	6.1	6.0	6.6	6.4
Citi	6.5	6.5	6.5	6.4	6.6	6.4
Credit Suisse	–	–	–	–	6.5	6.2
Goldman Sachs	6.6	6.6	6.3	6.2	6.6	6.1
JP Morgan	(6.0)	(6.1)	(5.9)	(6.3)	6.6	6.1
Nomura	6.4	6.5	6.5	6.4	6.6	6.3
UBS	6.5	6.3	6.0	6.1	6.5	6.0
평균	6.6	6.5	6.3	6.3	6.6	6.2

* 분기별 전망은 전년동기대비, ( )는 전기대비 연율. 연도별 전망은 전년대비 기준. 분기별 평균은 전년동기대비의 산술평균 집계. 붉은색, 파란색은 전월 전망치대비 상승, 하락을 의미

일본 경제 성장률 전망

	분기별				2018ᶠ	2019ᶠ
	18.3Q	18.4Q	19.1Q	19.2Q		
Barclays	0.7	2.3	2.0	1.0	1.1	1.3
BNP Paribas	–	–	–	–	0.9	0.6
BoA–ML	1.8	2.6	1.3	1.3	1.1	1.3
Citi	-0.5	2.6	1.9	1.5	1.0	1.3
Credit Suisse	0.8	3.5	0.8	0.3	1.3	1.0
Goldman Sachs	0.8	1.6	1.6	1.0	1.1	1.2
JP Morgan	0.5	2.5	1.0	1.5	1.1	1.3
Nomura	-0.3	0.8	1.1	0.8	0.9	0.8
UBS	1.4	1.6	1.4	1.2	1.2	1.3
평균	0.7	2.2	1.4	1.1	1.1	1.1

* 분기별 전망은 전기대비 연율, 연도별 전망은 전년대비 기준. 붉은색, 파란색은 전월 전망치대비 상승, 하락을 의미

주요 투자은행의 아시아 주요국 경제지표 전망

● **2018년 경제성장률 전망치: 4개국**(한국, 홍콩, 말레이시아, 필리핀) **하향, 1개국**(인도) **상향**

  ○ **한국**(0.1%p↓): 성장률이 지난해 3.1%에서 금년 상반기 2.8%로 둔화되었으나 잠재성장률에 부합. 견조한 수출 모멘텀과 확장적 재정정책('19년 예산안 470.5조, +9.7%, yoy)에도 불구 ▲일자리 부족 ▲대외수요 둔화 가능성 ▲교역조건 악화 ▲고령화(←경제활동인구 감소) 등은 하방요인으로 작용

  – 제조업 구조조정 등으로 금년 1~7월 고용증가폭은 연율 12.3만 명으로 전년동기(31.6만 명) 대비 61% 하락

  – 가계부채 우려에도 불구 美 금리인상, 국내 물가상승 압력 등을 감안 시 11월 금통위에서 금리인상(1.50%→1.75%) 예상. 완만한 통화정책 정상화 기조를 고려할 때 '19년 3분기 한차례 더 금리인상 예상(HSBC)

  ○ **말레이시아**(0.1%p↓): 공공투자 및 수출 둔화로 2분기 성장률('17.4Q 5.9% → '18.1Q 5.4% → 2Q 4.5%)이 예상을 하회하여 연 성장률을 소폭 하향조정. 다만 GST 폐지 및 최저임금 인상에 따른 소비지출 개선 기대

  – 마하티르 총리가 중국 일대일로 인프라투자 사업(400억달러 규모)들을 취소 및 연기하면서 '19년 투자증가율을 2.3%에서 0.8%로 하향(HSBC). 대외부문에서는 팜오일 수출둔화로 수출증가율이 완만해질 가능성. 한편 11.2일에 발표될 내년도 예산안에서 세수감소분 상쇄 노력(←GST 폐지) 및 중장기 재정운용 계획에 주목

  ○ **인도**(0.1%p↑): 견조한 민간소비 및 수출이 FY19 1분기(=18.2Q) 성장률(8.2%) 호조를 견인(Citi). 다만 ▲유가상승 ▲금융여건 긴축 ▲무역분쟁 등 대외 불확실성에 국제수지 악화, 루피화 약세, 내년 5월 총선 등 불안요인들로 인해 성장률은 잠재성장률(7.1%) 수준으로 점차 낮아질 전망(Citi, HSBC)

본 내용은 2018년 9월 말의 자료를 기준으로 작성되었습니다.

아시아 주요국 지표(9개 투자 은행 평균)

구분	경제성장률(Real GDP, %(%p), yoy)				물가(CPI, %, yoy)			경상수지(% of GDP)		
	2017	2018ᶠ	(전월대비)	2019ᶠ	2017	2018ᶠ	2019ᶠ	2017	2018ᶠ	2019ᶠ
한국	3.1	2.8	↓0.1	2.7	1.9	1.6	1.9	5.1	4.4	4.1
대만	2.9	2.8	–	2.4	0.6	1.5	1.4	14.1	13.4	12.6
홍콩	3.8	3.7	↓0.1	2.8	1.5	2.4	2.3	4.3	3.8	3.6
인도	6.7	7.5	↑0.1	7.5	3.6	4.6	4.8	−2.0	-2.7	-2.7
인도네시아	5.1	5.3	–	5.3	3.8	3.4	3.7	−1.7	-2.6	−2.7
말레이시아	5.9	4.9	↓0.2	4.6	3.9	1.5	2.2	3.1	3.0	3.2
필리핀	6.7	6.4	↓0.1	6.5	2.9	5.1	3.6	−0.8	−1.4	−1.6
싱가포르	3.6	3.1	–	2.6	0.6	0.7	1.2	18.8	18.3	18.6
태국	3.9	4.5	–	3.8	0.7	1.2	1.5	10.8	8.9	7.5
베트남	6.8	6.9	–	6.6	3.5	3.9	3.9	4.1	4.1	3.3

* 주요 9개 해외투자은행(Barclays, BoA-ML, Citi, Credit Suisse, GS, JPM, HSBC, Nomura, UBS) 전망을 집계.
('18.9월말 기준) 빨간색, 파란색은 '18.8월말 대비 상승 및 하락을 표시

각국 경제지표 전망(투자 은행별)

한국	경제성장률(Real GDP, %, yoy)			물가(CPI, %, yoy)			경상수지(% of GDP)		
	2017	2018^f	2019^f	2017	2018^f	2019^f	2017	2018^f	2019^f
Barclays	3.1	2.8	2.7	1.9	1.5	2.0	–	–	–
BoA–ML	3.1	2.9	2.9	1.9	1.7	2.0	5.1	4.4	3.9
Citi	3.1	2.8	2.6	1.9	1.5	1.9	5.1	4.1	3.9
Credit Suisse	3.1	2.9	2.8	1.9	1.7	1.7	–	–	–
Goldman Sachs	3.1	2.7	2.7	1.9	1.5	1.9	5.1	3.6	3.1
JP Morgan	3.1	2.8	2.7	1.9	1.6	2.1	–	–	–
HSBC	3.1	2.8	2.6	1.9	1.5	1.8	5.1	4.2	3.2
Nomura	3.1	2.9	2.7	1.9	1.5	2.0	5.1	4.4	4.8
UBS	3.1	2.9	2.7	1.9	1.5	1.8	5.1	5.5	5.5
평균	3.1	2.8	2.7	1.9	1.6	1.9	5.1	4.4	4.1

대만	경제성장률(Real GDP, %, yoy)			물가(CPI, %, yoy)			경상수지(% of GDP)		
	2017e	2018^f	2019^f	2017e	2018^f	2019^f	2017e	2018^f	2019^f
Barclays	2.9	2.8	2.3	0.6	1.5	1.5	–	–	–
BoA–ML	2.9	2.7	2.3	0.6	1.5	1.2	14.7	14.6	13.0
Citi	2.9	2.6	2.2	0.6	1.6	1.6	14.5	13.0	12.5
Credit Suisse	2.9	2.9	2.1	0.6	1.4	1.6	–	–	–
Goldman Sachs	2.9	2.8	2.5	0.6	1.4	0.9	13.7	12.7	12.2
JP Morgan	2.9	2.7	2.3	0.6	1.7	1.8	–	–	–
HSBC	2.9	2.7	2.4	0.6	1.5	1.4	14.4	13.0	11.9
Nomura	2.9	3.0	2.5	0.6	1.5	1.3	14.7	14.4	13.1
UBS	2.9	3.0	2.6	0.6	1.5	1.4	12.3	12.4	12.8
평균	2.9	2.8	2.4	0.6	1.5	1.4	14.1	13.4	12.6

홍콩	경제성장률(Real GDP, %, yoy)			물가(CPI, %, yoy)			경상수지(% of GDP)		
	2017	2018f	2019f	2017	2018f	2019f	2017	2018f	2019f
Barclays	3.8	3.6	3.0	1.5	2.3	2.1	–	–	–
BoA–ML	3.8	4.0	3.0	1.5	2.2	2.7	4.2	3.0	3.0
Citi	3.8	3.4	2.5	1.5	2.4	2.1	4.3	3.3	2.8
Credit Suisse	3.8	3.6	2.7	1.5	2.2	2.1	–	–	–
Goldman Sachs	3.8	3.6	2.4	1.5	2.8	2.4	4.5	4.1	3.9
JP Morgan	3.8	3.7	3.3	1.5	2.5	2.8	–	–	–
HSBC	3.8	3.5	3.0	1.5	2.4	2.5	4.3	4.2	3.9
Nomura	3.8	4.0	2.3	1.5	2.3	1.3	4.2	4.2	3.8
UBS	3.8	3.8	3.0	1.5	2.2	3.1	4.2	3.8	4.0
평균	3.8	3.7	2.8	1.5	2.4	2.3	4.3	3.8	3.6

인도*	경제성장률(Real GDP, %, yoy)			물가(CPI, %, yoy)			경상수지(% of GDP)		
	FY18	FY19	FY20	FY18	FY19	FY20	FY18	FY19	FY20
Barclays	6.7	7.7	7.4	3.6	4.4	5.0	–	–	–
BoA–ML	6.7	7.6	7.6	3.6	4.6	5.0	−2.0	-2.8	-2.9
Citi	6.7	7.5	7.8	3.6	4.5	4.3	−2.0	−3.2	−2.8
Credit Suisse	6.7	7.2	7.4	3.6	4.5	4.1	–	–	–
Goldman Sachs	6.7	7.8	7.6	3.6	5.3	5.1	−2.0	−2.4	−2.6
JP Morgan	6.7	7.3	7.3	3.6	4.8	5.0	–	–	–
HSBC	6.7	7.3	7.4	3.6	4.5	5.1	−2.0	-2.8	−2.9
Nomura	6.7	7.6	7.2	3.6	4.4	4.9	−2.0	−2.5	−2.6
UBS	6.7	7.5	7.4	3.6	4.6	4.8	−2.0	-2.7	-2.5
평균	6.7	7.5	7.5	3.6	4.6	4.8	−2.0	-2.7	-2.7

* 인도의 회계연도는 매년 4.1일부터 이듬해 3.31월까지

인도네시아	경제성장률(Real GDP, %, yoy)			물가(CPI, %, yoy)			경상수지(% of GDP)		
	2017	2018ᶠ	2019ᶠ	2017	2018ᶠ	2019ᶠ	2017	2018ᶠ	2019ᶠ
Barclays	5.1	5.3	5.0	3.8	3.3	3.5	–	–	–
BoA–ML	5.1	5.2	5.2	3.8	3.3	3.4	−1.7	-2.7	-2.6
Citi	5.1	5.1	5.1	3.8	3.3	3.9	−1.7	−3.1	−2.7
Credit Suisse	5.1	5.3	5.4	3.8	3.5	3.9	–	–	–
Goldman Sachs	5.1	5.4	5.7	3.8	3.2	3.3	−1.7	−2.9	−3.5
JP Morgan	5.1	5.1	5.2	3.8	3.5	3.1	–	–	–
HSBC	5.1	5.2	5.0	3.8	3.5	4.3	−1.7	-2.5	−2.3
Nomura	5.1	5.4	5.8	3.8	3.2	3.7	−1.7	−2.0	−2.6
UBS	5.1	5.3	5.0	3.8	3.5	4.1	−1.7	−2.6	-2.4
평균	5.1	5.3	5.3	3.8	3.4	3.7	−1.7	-2.6	−2.7

말레이시아	경제성장률(Real GDP, %, yoy)			물가(CPI, %, yoy)			경상수지(% of GDP)		
	2017	2018ᶠ	2019ᶠ	2017	2018ᶠ	2019ᶠ	2017	2018ᶠ	2019ᶠ
Barclays	5.9	5.0	4.5	3.9	1.2	2.0	–	–	–
BoA–ML	5.9	5.3	4.7	3.9	1.2	2.5	3.1	2.8	2.8
Citi	5.9	5.0	5.1	3.9	1.6	2.6	3.1	3.2	3.4
Credit Suisse	5.9	5.5	5.1	3.9	3.0	3.3	–	–	–
Goldman Sachs	5.9	4.6	5.2	3.9	1.2	2.9	3.1	1.8	2.1
JP Morgan	5.9	4.7	4.3	3.9	1.4	1.3	–	–	–
HSBC	5.9	4.7	4.3	3.9	1.1	2.4	3.1	2.3	2.1
Nomura	5.9	4.7	4.2	3.9	1.2	1.5	3.1	3.0	3.0
UBS	5.9	4.8	4.0	3.9	1.2	1.7	3.1	4.7	5.7
평균	5.9	4.9	4.6	3.9	1.5	2.2	3.1	3.0	3.2

필리핀	경제성장률(Real GDP, %, yoy)			물가(CPI, %, yoy)			경상수지(% of GDP)		
	2017	2018f	2019f	2017	2018f	2019f	2017	2018f	2019f
Barclays	6.7	6.3	6.5	2.9	5.2	4.0	−	−	−
BoA−ML	6.7	6.1	6.2	2.9	4.9	4.0	−0.8	−1.1	−1.1
Citi	6.7	6.5	6.4	2.9	5.1	0.0	−0.7	−1.6	−1.3
Credit Suisse	6.7	6.3	6.5	2.9	5.0	4.1	−	−	−
Goldman Sachs	6.7	6.6	6.5	2.9	5.0	4.1	−0.6	−1.0	−1.4
JP Morgan	6.7	6.5	6.9	2.9	5.0	4.0	−	−	−
HSBC	6.7	6.5	6.5	2.9	5.2	4.5	−0.8	−1.2	−1.5
Nomura	6.7	6.5	7.1	2.9	5.1	3.7	−0.8	−1.7	−2.2
UBS	6.7	6.4	6.1	2.9	5.4	4.3	−0.8	−1.9	−2.0
평균	6.7	6.4	6.5	2.9	5.1	3.6	−0.8	−1.4	−1.6

싱가포르	경제성장률(Real GDP, %, yoy)			물가(CPI, %, yoy)			경상수지(% of GDP)		
	2017	2018f	2019f	2017	2018f	2019f	2017	2018f	2019f
Barclays	3.6	3.0	2.8	0.6	0.5	1.1	−	−	−
BoA−ML	3.6	3.3	3.0	0.6	0.8	1.7	18.8	18.7	18.5
Citi	3.6	2.8	2.5	0.6	0.6	1.2	18.8	19.0	20.1
Credit Suisse	3.6	3.1	2.8	0.6	0.5	1.0	−	−	−
Goldman Sachs	3.6	3.1	2.6	0.6	0.7	1.4	18.8	17.4	18.6
JP Morgan	3.6	3.0	2.6	0.6	1.4	1.5	−	−	−
HSBC	3.6	3.2	2.5	0.6	0.6	1.5	18.8	19.0	19.2
Nomura	3.6	3.0	2.5	0.6	0.5	0.3	18.8	19.0	19.0
UBS	3.6	3.2	2.0	0.6	0.5	1.5	18.8	16.8	16.1
평균	3.6	3.1	2.6	0.6	0.7	1.2	18.8	18.3	18.6

태국	경제성장률(Real GDP, %, yoy)			물가(CPI, %, yoy)			경상수지(% of GDP)		
	2017	2018f	2019f	2017	2018f	2019f	2017	2018f	2019f
Barclays	3.9	4.6	4.4	0.7	1.2	1.7	−	−	−
BoA−ML	3.9	4.5	3.8	0.7	1.1	1.5	10.8	8.8	7.7
Citi	3.9	4.4	4.2	0.7	1.2	1.6	10.8	9.2	8.3
Credit Suisse	3.9	4.4	3.8	0.7	1.3	1.4	−	−	−
Goldman Sachs	3.9	4.6	3.4	0.7	1.3	1.5	10.8	8.5	6.8
JP Morgan	3.9	4.7	3.7	0.7	1.2	1.8	−	−	−
HSBC	3.9	4.4	3.7	0.7	1.2	1.5	10.8	9.2	8.0
Nomura	3.9	4.5	3.7	0.7	1.1	1.0	10.8	8.4	6.6
UBS	3.9	4.4	3.1	0.7	1.1	1.1	10.8	9.0	7.6
평균	3.9	4.5	3.8	0.7	1.2	1.5	10.8	8.9	7.5

베트남	경제성장률(Real GDP, %, yoy)			물가(CPI, %, yoy)			경상수지(% of GDP)		
	2017	2018f	2019f	2017	2018f	2019f	2017	2018f	2019f
Barclays	−	−	−	−	−	−	−	−	−
BoA−ML	−	−	−	−	−	−	−	−	−
Citi	6.8	7.0	6.8	3.5	4.2	4.2	2.9	3.6	4.1
Credit Suisse	−	−	−	−	−	−	−	−	−
Goldman Sachs	−	−	−	−	−	−	−	−	−
JP Morgan	−	−	−	−	−	−	−	−	−
HSBC	6.8	6.7	6.5	3.5	3.7	4.1	3.0	2.9	2.1
Nomura	−	−	−	−	−	−	−	−	−
UBS	6.8	7.0	6.6	3.5	3.7	3.5	6.4	5.9	3.8
평균	6.8	6.9	6.6	3.5	3.9	3.9	4.1	4.1	3.3